JN076218

新聞記者に学ぶ

観る力、聴く力、伝える力

記者トレ

井藤 元 監修　毎日新聞社 編

日本能率協会マネジメントセンター

はじめに

よい文章を書くには訓練が必要です。水泳の型を教わらずにスイスイと泳げる人はいないでしょう。文章もそれと同じで、きちんと時間をかけて作法を身につけてゆかねばなりません。

しかし、文章の書き方について、しかるべき人からその作法を学んだ経験はあるでしょうか。段落がえのルールや句読点の打ち方など、基本ルールは学校で学びます。でも、その構成の仕方、読みやすいよい文章を組み立てるためのコツを体系的に習ったことはない、順序立てて教わってはこなかったという人も多いのではないでしょうか。中には文章を書くことに苦手意識があり、読書感想文や小論文を書くのが苦痛（だった）という人もいるでしょう。それはまるで、泳ぎ方を教わっていないのに海で泳げと言われているようなものです。よい文章を書くためには作法があります。その作法を知らずしてよい文章は書けないのです。

本書はそうした問題意識のもとで開発されました。先生はプロの新聞記者。

間違いなく、この世で最も「文章がうまい」カテゴリーにいる人たちです。彼らから優れた文章を書くための様々な技を盗むこと。必勝パターンとして定式化されたわざを、一から順を追って身につけるのが、「記者トレ」のミッションなのです。

本書では、36名の新聞記者の協力のもと、記事の書き方について一から丁寧に解説を行います。読者のみなさんには、実際に新聞記事を執筆していただくことになります。ただし、記事の執筆と聞いて、「上手な文章を書くためのテクニックを学ぶ講座」のようなものを思い浮かべるならば、実は本書の目的は、それとは別のところにあります。きれいにまとまった、文法的に誤りのない文章を書くことを目指しているわけではないのです。

テクニックの先にある真のわざ。それをつかみ取れるかどうかが本当の勝負です。

例えば、記事を作り上げる際には、誠実であろうとすればするほど、自らの世界との向き合い方や自分自身との向き合い方を問い直す必要に迫られます。インタビューの際には「聴く力」も求められます。「聴くこと」と「書くこと」は表裏一体の作業なのです。真に相手の話を聴くためには、聞き手の問いの深さが試されるし、取材時のコミュニケーションに細心の注意を払わなければ血の通った文章を書くことはできません。そして何より「○○について書きたい」という深い熱意も大切です。なぜ自分はどうしてもこれを書きたいのだろうか、と、常に「自分」のあり方そのものが問われるのです。

また、プロの新聞記者には、取材対象に深くコミットしつつ、その対象から距離をとるという二重のスタンスが求められます。取材対象のありのままの姿を浮き彫りにさせるために、現場に足を運び、数限りない情報収集を行いながら、同時に対象から一定の距離をとり、事態を冷静に捉える。そのように、近づきながら離れ、離れつつ近づくという相矛盾する姿勢を、同時に内在させているのです。

そうした姿勢は、日々めまぐるしく変化する現代社会を生きぬくうえで、きわめて重要なスタンスとなります。ある事柄を妄信することなく、かといって単なる観察者にもならないこと。必要な情報を取捨選択しつつ、生きた現実を捉えること。そうした力は、自らの人生を選び取る力をも育むことでしょう。

記者に求められる力を身につけることで観る力（観察力）、聴く力、伝える力を同時に培うことができるのです。

「記者トレ」は、決して新聞記者を目指している人を対象として作られたものではありません。これからの時代を担うすべての方に届けたいという思いで開発されました。

テクニックの先にあるものをつかむために。いざ「絶えざる思索」の旅へ。

東京理科大学　井藤　元

アナウンサー紹介
（あいうえお順）

井《いの》上《うえ》真《ま》帆《ほ》
（ホリプロ所属アナウンサー）

富山テレビ（フジ系列）にてアナウンサー・報道部記者として約８年間活動。フリー転向後の６年間はNHK-BS1「NHK BSニュース」キャスターを務める。現在は主に「こども手話ウイークリー」「NHK 手話ニュース」（ともにNHK Eテレ）ナレーションを担当。本書インタビュー登場。

遠《えん》藤《どう》萌《もえ》美《み》
（松竹芸能所属アナウンサー）

NHK 釧路放送局キャスターを経て、山形県のフジテレビ系列局さくらんぼテレビジョンの記者兼アナウンサーとして活動。夕方のニュース番組ではメインキャスターとしてニュースを読むだけでなく自らカメラを回すなど精力的に取材を行った。FNS 27時間テレビ「FNSアナウンサーがんばった歌謡大賞」などバラエティ番組にも出演。現在は関西でラジオ、テレビに出演する他、イベント司会やセミナー講師としても活動。本書インタビュー登場。

「記者トレ」ではアナウンサーが講師を務めます。コラムでも示しているとおり、新聞記者とアナウンサーの仕事には共通点も多いので、本プログラムでは「話しのプロ」であるアナウンサーが講師となり、基礎からわかりやすく内容を伝えます。

佐《さっ》々《さ》久《ひさ》世《よ》
(フリーアナウンサー)

NHK 旭川・札幌・さいたま放送局勤務。2年間ディレクターとして、番組制作に携わり、その後、テレビ・ラジオ番組のキャスター・リポーターとして取材から番組制作、放送までを担当。現在はフリーとして、司会業を中心に活動している。

林《はやし》愛《まな》実《み》
(フリーアナウンサー)

NHK 山形放送局キャスターを経て、テレビ愛媛アナウンサー、テレビ静岡アナウンサーを経験。現在は、AbemaTV「Abema News」キャスター、「みのもんたのよるバズ！」ニュースキャスターを務める。

堀《ほり》友《ゆ》理《り》子《こ》
(フリーアナウンサー)

朝日放送にて報道、情報、バラエティ、スポーツなど様々な仕事を経験。スポーツではプロ野球のベンチリポートも担当。2012年フリー転身後は、NHK総合やNHK-BSで報道番組のニュース、地元静岡で情報バラエティ番組のMCを担当するなど、ジャンルを問わず経験している。

※本書の中では井上真帆アナウンサー、遠藤萌美アナウンサーがインタビューに登場し、アナウンサーの仕事について説明しています。

記者紹介

男《おとこ》澤《ざわ》和《かず》彦《ひこ》

1993年毎日新聞社入社。横浜支局を経て1999年から情報編成総センター。2004年から4年間、武蔵野美術大学の通信教育課程でコミュニケーションデザインを学ぶ。2020年から編集部長。

三《み》木《き》陽《よう》介《すけ》

1997年毎日新聞社入社。前橋支局、東京本社社会部、福岡報道部などを経て2019年4月から東京本社社会部デスク。趣味は観葉植物、カラオケ、スキー。

「記者トレ」担当者紹介

宮《みや》島《じま》友《ゆ》香《か》

1997年松竹芸能入社。2014年松竹株式会社へ出向。「笑い」を活用した教育・健康増進・地方創生など新規事業開発に従事。2018年毎日新聞社入社。現在、ビジネス開発本部教育事業室委員。2016年～園田学園女子大学で非常勤講師も務める。関西学院大学大学院経営戦略研究科修了（MBA）。

第2部　実践！「記者トレ」カリキュラム

第1部
「記者トレ」で磨く！生きた現実を捉える力

第1部では、新聞記者が日々行っている45の「必勝パターン」をご紹介します。プロの記者がふだんどういうことを意識しているのか知ることで、日常の生活や仕事の中での気づきも増えていくはずです。まずは必勝パターンを理解することからスタートして、**第2部**につなげていきましょう。

プロの記者は、記事を書く際にどのようなことを心がけているのでしょうか。**第1部**では、プロの記者が日常的に行っていることを三つのカテゴリー（「基本姿勢」「取材時」「原稿執筆時」）に分け、必勝パターンとして45項目にまとめました。ここで紹介する「必勝パターン」は、毎日新聞社の36名の記者へのインタビューをもとに作成されています。

18頁から19頁をご覧ください。内容が大変多岐にわたっていることがわかるでしょう。記者たちが記事を書く際には、長年の経験を通じてこれらを頭のどこかで必ず意識しています。一つの記事を作り上げるということは、ここに記されているような、非常に多くのことを同時に心がける必要があるのです。

項目のタイトルだけ見ると、謎めいたものもあるかもしれません。ここでは、あえて各項目を抽象的に定式化しています。そこで本章では、必勝パターンの一つひとつの項目について、解説を行いたいと思います。

各項目の中には、一見矛盾しているかのように見えるものもあります。例えば、**2．取材時の心構え**の⑮「メモを取る」と⑯「場合によってはメモを取らずにインタビュー」と見ると、結局メモを取るべきなのか、取らないほうがよいのか、疑問に思われる方もいるでしょう。けれども、この2項目は、どちらも間違いではありません。正確に言えば、その都度の状況に応じて最適な方を選び取っていくことが必要なのです。

もちろん、すぐにすべてを実践するのは難しいでしょう。重要なのは、ここに書かれた内容をまずは意識してみることです。記者トレで実践していく様々なワークに取り組むことにより、45の必勝パターンは自然に身につくことでしょう。

1. 新聞記者の基本姿勢

まずは、以下の「基本姿勢」を身につけることが、記事を書くためにとても重要です。文章を書くうえでのテクニックを習得することも必要ですが、それ以前に、世界や自分自身との向き合い方そのものを問うことが求められるのです。記者は単に文章がうまいというだけで務まる仕事ではありません。実は日常の過ごし方から気をつけています。記者の仕事にオフはないともいわれます

新聞記者　必勝パターン

新聞記者の基本姿勢

1	問い続ける―深い思索の旅
2	日常的な感覚を大切に
3	興味の幅を広げる
4	人脈を広げる
5	うまい文章を読む
6	「事実」を積み重ねて、最終的には読者に判断をゆだねる
7	10 調べて、1の記事を作る
8	何がニュースなのか、ニュースのポイントを意識する
9	絶えず疑う

取材時の心構え

1	インタビュー時の事前の仕込み（可能な限り情報を集める）
2	現場で言葉を獲得する
3	複数の人に取材する・複数か所取材する
4	物理的に相手と目線を合わせる
5	取材相手への敬意
6	取材相手に興味を持つ・取材相手と仲良くなる
7	取材相手に気持ちよく話してもらう・自分が話す量を減らす
8	取材相手の象徴的な一言、様子、場面をキャッチする
9	話に遊びをもたせる、雑談も重要
10	話の潮目を見極める
11	キーワードを探り当てる（「見出し」を意識する）
12	あえて本題から入らない
13	絶えず観察する・現場で直に見聞きすることのできない読者の目、耳となる
14	取材相手の発言を本人に要約して返す

15	メモを取る
16	場合によってはメモを取らずにインタビュー （メモに集中しすぎない）
17	共感しながら、距離をとる―「理解」と「同調」は異なる
18	想定外を呼び込む

原稿執筆時の心構え

1	問題提起する
2	プロ→素人への翻訳作業
3	熱の注入―驚きや発見を大切に
4	五感に訴えかける
5	基本は逆三角形構造
6	パーツを揃える
7	パーツごとの順序性（ストーリー性）を意識
8	捨てる勇気を持つ・ひたすら削る
9	具体的に書く
10	一文を短くする
11	ひらがなを増やす（余白の重要性）
12	極力形容詞を使わない
13	事実関係を確認する
14	声に出して読む
15	読む人の立場になる
16	文章を寝かせる
17	人に読んでもらう
18	「私」を消す記事と「私」を出す記事

が、日ごろからアンテナを張り、興味の幅を広げておくことも大切なのです。こうした記者の姿勢からは、情報が氾濫する現代社会にあって、「自分自身の目」を信じる力を養うということを学ぶことができます。

①問い続ける──深い思索の旅

記者の仕事は「終わりのない仕事」といえます。思考停止に陥らないようにせねばなりません。なぜ？　どうして？　と問い続ける姿勢が必要なのです。ある記事を書けばそれで終わりなのではなく、事件や事故などの出来事を様々な角度から掘り下げていく力が求められます。常に問いを開いたままにしておく。これですっかりわかったと思ってしまっては、その時点で、思索の旅は終わってしまいます。わかったつもりにならないことが重要です。

②日常的な感覚を大切に

読者の視点に立って記事を書くためには、日常的な感覚をつかんでおくことが大切です。物事のベースラインを把握することで何がニュースになるかを見極める目を養うことができます。例えば、「野菜の値段が急激に上がった」「ガソリンの値段が大幅に下がった」という場合、その背後には何らかのニュースが潜んでいるはずです。ベースラインからはみ出るようなことがあれば、キャッチして取材に行くということが求められます。何かが普段と違う、という自分の小さな驚きを客観的なニュースにしていくのです。その感覚がなければ、読者にとってのニュースがニュースではなくなってしまいます。普段の野菜の値段を知っていてはじめて、野菜価格の高騰というニュースを読者目線で驚きをもってキャッチできるのです。

記者である以前に一人の生活者として、日常的な感覚・感度を忘れないことが不可欠です。泣いたり、怒ったり、笑ったり、疑問を感じたりといった日常生活における思いを大切にするのです。

③興味の幅を広げる

新聞記者は好奇心旺盛な人ばかり。もしラーメン屋さんに行列ができているとしたら、ただその前を通り過ぎるのではなく、なぜ行列ができているのかをつい考えてしまいます。アンテナを張りめぐらせて、様々な情報をキャッチすることを常日頃から心がけているのです。「興味の幅を広げるぞ!」と意気込むというよりは、自然と様々な情報に開かれているということが大切です。

何かわからないことがあったら調べる癖をつけましょう。今はスマートフォンやパソコンを使ってすぐさま情報を得ることができる時代です。わくわくを大切にして、世界との接点を増やすことを心がけましょう。

④人脈を広げる

新聞記者にとって、人脈は命です。ある出来事に関する記事を書く場合、その情報に詳しい専門家や当事者に取材をする必要がありますが、人脈があればそうした情報にアクセスしやすくなります。

取材を通じて知り合った人とその後もつながっていることで、その人が新しいことを始めた場合には、新しい世界に触れ合うことができます。人脈を広げることによって、様々な世界との接点を増やすことができるのです。出会った人との間で、新たなドラマが次々と生まれていくでしょう。人脈が広がることによって、興味の幅が広がり、興味の幅が広がることによって人脈もさらに広がる、といった形で、よい循環が生じます。人間関係を広げるということは、世界を広げていくことでもあるのです。

⑤うまい文章を読む

一流の文章に触れるということは非常に大切です。新聞記事は限られたスペースの中で、必要な情報を伝えていかねばなりません。記事とは、まさに小宇宙なのです。少ない文字数で生き生きした表現を生み出すには、うまいたとえや言い回しを駆使して記事を書く必要があります。そのためには、書き手の側の表現の引き出しを少しでも増やすことが求められます。その引き出しを増やすうえで、よい文章、うまい文章に常日頃から触れていることが不可欠です。自分の好きな小説家、エッセイスト、コラムニストなどの文章から、いいなと思える表現や論理の展開の仕方などを吸収しましょう。魅力的な文章表現に出会った場合は、専用のノートにメモしておくことをお勧めします。

⑥「事実」を積み重ねて、最終的には読者に判断をゆだねる

記事を書くうえで、事実に基づくということは基本中の基本です。当然ながら「嘘」を書くことがあってはなりません。正しい情報を伝える、これが至上命題です。

ただし、事実は一つではありません。出来事が一つであっても、ある視点から見たときと、別の視点から見たときとでは、浮かび上がってくる現実が異なる場合もあります。どちらも事実であることに違いはありませんが、視点によって見え方が変わってくるのです。だからできる限り多角的な視点のもとで事実を積み上げていくことが必要になります。

そして、最終的な判断は読者にゆだねることも非常に重要です。「○○は○○だ」と断定するのではなく、事実を積み上げて提示した先に、それをどう感じるかは読者に開いておく。受け取り手の自由、余地を残しておくことが大切なのです。

特に特集記事の場合は、読み手によって意見が分かれるものが多くありま

す。そこでは書き手の側が多様な考え方に開かれていることが求められます。あくまでも読み手が当該問題に対して考えるための材料を提供する、というスタンスを大切にしましょう。対立する意見が出てきた場合は、どちらにも取材し、「Aさんはこう言っている」が「Bさんはこう言っている」という具合に両論併記する、という形でまとめるようにしましょう。どちらが正しいかを記者が判定する必要はないのです。

⑦10調べて、1の記事を作る

新聞記者は「10調べて、一つの記事を作れ」と言われています。限られたスペースの中に、あれもこれもと詰め込むことはできません。物事のエッセンスだけをニュースにするという姿勢が求められます。背後では膨大な情報を収集しながらも、その中から大事なところだけを抽出して、密度の濃い記事にしていくのです。せっかく時間をかけて調べたのだから、10調べたら10の事柄を書きたいと思うのは当然でしょう。しかし、9の要素を削ることによってはじめて、本当によい記事が生み出されるのです。

逆に、たとえスペースが小さく限られたものであったとしても、そこに書かれる文章には、その10倍の記者の努力が込められるはずです。取材の際には、記事の大きさに関わらず、どんな細部も取りこぼさないような情報収集を心がけましょう。

⑧何がニュースなのか、ニュースのポイントを意識する

ニュースのポイントとは、ニュースの「勘所」とも言い換えることができます。例えば、単に「雨が降った」というだけではニュースにはなりませんが、それが「15日間連続の雨」だったり「3か月ぶりの雨」だった場合はニュースになります。

ニュースになりやすいものには次の「はひふへほ」があると言われています。

「ハッ！」と気づけば　速報ニュース（一般・速報記事）
「ヒェー！」とびっくり　スクープニュース（特報記事）
「ふーん」と納得　ニュース解説（解説記事）
「へぇー」と感じる　掘り下げニュース（追跡記事）

「ほっ」とするよね　街ネタニュース（話題・人モノ記事）

記事になるものには、ここに示したようなポイントが含まれているものです。記事を書く際には、ここに記した五つの類型のうちのどれにあてはまるかを意識してみましょう。また、普段見過ごしてしまっていることの中にも、記事になるニュースが含まれている可能性はあります。

⑨絶えず疑う

記者には、ある情報が「本当に正しいか」を常に疑う習慣も必要です。

例えば、取材対象の中には、物事を大きく見せたり、ないことをあるかのように見せたりする人がいます。決して取材相手に悪気があるわけではなく（もちろん悪気がある場合もありますが）、私たち人間は、無意識に自分のことをよく見せようとしてしまうものだからです。

ですから、記者は取材対象の言葉をそのまま鵜呑みにしてはいけません。この人の言っていることは本当に正しいのだろうかと絶えず疑う姿勢が必要なのです。

また、疑うべきは取材対象だけではありません。自分自身が対象を見る目、話を聴く耳を疑ってみる必要があります。一つの物事でも見方、聴き方が変われば、現れ方が変わります。自分の見る目、聴く耳が偏っていないか、絶えず反省してみる（リフレクションを行う）ことが重要です。

（井藤　元）

インタビュー①

現役記者が語る！　必勝パターン「基本姿勢」編

――必勝パターン「基本姿勢」の項目の中から、特に重要だと思われるものは何でしょうか。ご自身が経験した具体的なエピソードを交えてお話しください（以下、インタビュアーは井藤元）。

三木陽介（以下、三木）：この基本姿勢のところで言いますと、③と⑧が基本的には同じものかなと思います。単純に言えば「アンテナを高く張る」ということなんですけれども、具体的に言いますと、アンテナを張らずに取材に行ってしまうと、そのまま見たものを書くだけで終わってしまいます。

例えば、あるところで少年野球教室が開催され、元プロ野球選手が教えにきますと。その取材をある記者がすることになった。普通であれば、「いつどこで元プロ野球の選手が少年たちに教えて、少年たちはこういうふうに喜んだ」とか、「手取り足取り教えてもらった」という短い記事で終わっちゃうんですけども、アンテナを高く張っていると、例えば現場で名刺交換をしたら、なぜかそこにお医者さんがいたと。何でここにお医者さんがいるんだろうって疑問を抱けば、当然そのお医者さんに「どうしてお医者さんが少年野球の教室にいらっしゃるんですか？」っていう問いかけをするわけですよね。そうすると、今、野球肘が問題になっているのですが、少年のころから球を投げ過ぎて早くに肘を壊しちゃって、本当は才能があるにもかかわらず、そこで芽が摘まれちゃうという問題があって、そのお医者さんはそういう野球肘を防ぐためにエコー検査を行っていて、実はその教室を主宰した人も一緒に野球肘を防ぎたいという志があって、一緒にやってるんだと。その記者は感度よく、こんな面白いお医者さんがいるんだ、こういうふうに取り組んでいるんだっていうことを知って、野球教室開催の記事を書き終わると、今度はそういう取材に方向転換するわけです。

さらにそこから進んで、少年野球の団体に取材して、「現状はどうですか」と。そうすると「団体としても野球肘の問題を重く見ていて、今、球数制限を考えている」という反応が得られたりします。そういうふうにどんどん先の取材ができる。アンテナを張っていないとそこで取材が終わってしまいます。

――一問一答で終わってしまっては、もうそこで問いが広がっていかないというか。基本姿勢の①「問い続ける思索の旅」とも重なる部分はあるんでしょうか？

三木：必勝パターンには、9項目並んでいますけれども、実は結構重なる部分もあって、④の「人脈を広げる」というのも、いろんなことに関心や疑問を持てば、「この疑問に関してはこの人に聞こう」というふうになるので、共通しているなという項目はいっぱいあるかなと思いますね。

別のエピソードで言いますと、ある取材班で「現代の家族像」というテーマで今の時代を切り取ってみようじゃないかと考えたとするじゃないですか。連載なり企画をやってみようという時に、じゃあその現代の家族の形をどう記事にしていくかはそれぞれいろんな発想があります。ある記者は、老老介護に着目して介護の現場に行く。それも一つの現代の家族の肖像でもありますし、ある記者はお墓に注目する。通常お墓というのは代々の土地で代々墓を見守っていく、いわゆる墓守をしていくわけですけれども、核家族化が進んで、実家を飛び出して都会に出て、そのまま結婚して帰ってこない人も多い。そうすると、どんどん田舎の墓守をする人がいなくなって、今、地方の墓地に行くと荒れ放題になった「無縁墓」と呼ばれている墓が実際いっぱいありまして、公営墓地を運営している自治体がその対応に迫われているといった問題があって、そういうことに着目して今の家族を切り取ることもできます。

――要はセンスが問われるのですね。では、どうやって視点を磨けばいいんでしょうか。

三木：先ほどの「アンテナを広げる」っていうところに関連しますが、いろんな本を読む、ニュースを見る。あと、もちろん自分の体験も踏まえて、例えば自分が実家から離れて、親とは離ればなれになって暮らしているのだけど、じゃあ墓をどうしようか……なんていうのを常々考えてたりすると、それが活かされたりします。自分の経験も結構大きいかなとは思いますよね。

2．取材時の心構え

記事を書くうえで、取材は欠かせません。二次情報（ネットや本などの情報）だけでなく、まずは一次情報（実際に人が見聞きし、体験した情報）にアクセスする必要があります。

どのような現場であっても、取材には人の話を聴くという営みがつきものです。そこで何よりも必要になるのは、「生きた相手」から「生きた情報」を引き出す力にほかなりません。あらかじめ自分が持っているイメージや先入観をもって取材対象と向き合うのでは、生きた情報を得たことにはなりません。目の前の相手と真摯に向き合い、その相手ならではの言葉に耳を傾ける。そこではじめて、生きた情報と出会えるのです。聴くというのは簡単なようで実はとても難しく、非常に高度な力が求められます。以下のリストには人の話を聴くための、プロのヒントが示されています。

①インタビュー時の事前の仕込み（可能な限り情報を集める）

インタビュー成功のカギを握るのは仕込みです。先入観をもって相手と向き合うべきでない、と先ほど言いましたが、自分が今からどんな人に会いに行くのかについては、最低限の客観的な情報を持っておく必要があります。インタビューの時間は限られており、また、こちらが相手に関する知識を持っていると示すことが、話のきっかけ作りにもつながるからです。取材対象と会う前に、事前に情報を仕入れ、どれだけ相手に思いをめぐらせておけるかが勝負なのです。

ただし、事前の準備を十分に行うことができない場合もあります。例えば、突然事件が起きた場合など、仕込みの時間がとれないことも多々あるからです。そういう場合は、移動時間のたった5分でも、スマートフォンなどを使用して集められるだけの情報を集めるのです。

著名人と会う場合には、その人がどんな本を出しているのか、どんな活動をしているのかなどを調べたり、自分なりに考えてポイントをメモしておいたりすることも重要です。最低限の予備知識もなくインタビューに臨めば、「そんなことも知らないのか」と相手を不快にさせてしまうこともあるでしょう。逆に入念な情報収集をしておけば、取材相手に対してインタビュアーがいかに興味を持っているかが伝わり、それが心を通わせる契機にもなりえます。自分について事前に十分な下調べをしてきた相手のことを快く思わない人はいないはずだからです。

②現場で言葉を獲得する

取材の醍醐味は「生きた言葉」に出会うことにあります。現場で出会った言葉の中にこそ、記事を生き生きとさせる力が潜んでいます。

取材に行く前にはあいまいだった事柄も、現場に赴くことで輪郭がはっきりしてくるということがままあります。文献や資料を読んだだけではピンと来なかった出来事の全体像が、実際に現地を訪れ、その場の空気を直接肌で感じることによって、自ずとつかめるようになるのです。

現場に行くことによって次なる手がかりが得られることもあります。「この問題については○○さんに聞いてみるといいよ」とアドバイスをもらえることもあるでしょう。また、何らかの事情で現場に行くことがかなわない場合には、現場に詳しい当事者の話を聴くことも大きな手助けになります。その人は現場に生で触れており、その場の空気を実際によく知っているからです。

頭で考えたり仮説を立てたりすることももちろん重要ですが、現地に実際に触れているかどうかが、記事のリアリティを左右するのです。

③複数の人に取材する・複数か所取材する

取材の際には、できる限り複数の箇所で、複数の人に聞き取りを行うことが求められます。**1．基本姿勢**の⑥で「事実は一つではない」と述べたように、立場によって浮かび上がってくる事柄が異なる可能性があるため、読者に公正に情報を伝えるには、多角的な視点から吟味できるようにすることが不可欠なのです。

また、取材相手が言及していた事柄の情報源にあたってみることも重要です。**1．基本姿勢**の⑨とも関連しますが、取材対象の発言内容に本当に間違いがないかどうか「ウラをとる」、つまり複数の証言や証拠をもとに裏付けをとっていく作業です。このプロセスを通して、より信憑性の高い情報を読者に提供することができるのです。

④物理的に相手と目線を合わせる

取材対象の話を聞く時には、相手としっかり目線を合わせるようにしましょう。一見当たり前にも思えますが、情報を取りこぼすまいとメモに没頭するあまり、目の前にいる生身の人を忘れてしまうというのは意外とありがちなことです。相手がきちんと話を聞いてくれていないと思うと、話し手は話をする気も失せてしまいます。せっかく話をしてくれている人に対して失礼にあたるのはもちろんのこと、声には表れない細かな表情の変化やその場の雰囲気など、大切なものを見逃してしまう可能性もあるでしょう。

カウンセリングの領域では、話を聴くための基本として、「FELORモデル」というものがあります。FELORとは、Facing（相手の顔や表情が見えるように向き合う）、Eye-Contact（適度に相手の目線を見守る）、Leaning（少し身を乗り出すようにして耳を傾ける）、Open（胸を開いた姿勢をとり心を開いていることを示す）、Relax（聴く側がリラックスしていて緊張感を与えない）の頭文字をつなげたものです。取材場面でも同じように、きちんと相手の方を向いて目線を合わせること、自分が興味を持って積極的に耳を傾けているのを相手に示すことが、人の話を聴く第一歩です。

⑤取材相手への敬意

テクニック以前の問題として、取材にあたっては、取材相手に対する最低限のマナーに留意しなければなりません。あくまでこちらがお願いしてインタビューに答えてもらっているのだという意識を持つ必要があります。

貴重な時間をいただく以上、アポイントの時間や終了時間を遵守するのはもちろんのこと、写真を撮ったりボイスレコーダーなどで音声を録音したりしたい場合には、きちんと許可をとらなければなりません。そのほかにも、取材相手が書いてほしくない事柄は絶対に書かない、話を恣意的に切り取るようなことは決してせず、ニュアンスを正しく伝える、といったことも重要です。どんなに切迫した場面であっても、取材対象を単なる情報源と見るような態度は厳に慎み、相手への心からの敬意をもって取材に臨む必要があるのです。

⑥取材相手に興味を持つ・取材相手と仲良くなる

取材相手への興味がなければ、話を聴くことなどできません。ほかならぬその人に聞いてみたいこと、その人について知りたいことがあってはじめて、熱意を持って語りかけ、その言葉に応答し、さらにその先の表現を引き出すことができるのです。こちら側の思いは、細かな目線や仕草、表情や声色からも必ず相手に伝わるものです。自分の話に興味を持って聞いてくれている人になら、きっと相手も身を乗り出して語ってくれることでしょう。

はじめはあまり気乗りのしない取材の場合でも、実際に取材相手と話してみると、新たな発見が得られることも多々あります。こちらの先入観が強すぎて、ありのままのその人の魅力に出会えないとしたら、それは非常にもったいないことです。オープンな気持ちで取材に臨み、どんなに小さなことでもよいので、相手の話に糸口を見つけ出しましょう。

そのうちに、取材相手と仲良くなる可能性も見えてきます。それは一度限りの出会いでも起こりえますし、何度も足を運ぶ中で、いつも自分の話に真摯に耳を傾け、発言内容を誠実に記事に反映してくれると感じれば、その人は記者を信頼してくれるようになるでしょう。「あなただから」と、とっておきの胸の内を語ってくれることもあるかもしれません。これは、心理学や教育などの場面で、「ラポール」と呼ばれています。相互に信頼関係が成立し、安心して感情の交流ができる状態です。その記者にしか書けない豊かな記事は、そうした信頼関係の中に生まれます。

⑦取材相手に気持ちよく話してもらう・自分が話す量を減らす

目指したいのは、取材相手が「ああ、話してよかったな」と思ってくれるようなインタビューです。インタビューの直後にうれしい気持ちになり、記事になった時にも喜んでもらえる。つまり、二度喜んでもらえるような記事を書くことができれば理想的なのです。

心理学をはじめとする様々な領域で、人の話を聴く際には「傾聴」を心がけるようにとされています。傾聴とは、簡単に言えば、相手の語った言葉だけでなく、その奥にある本当に言いたいことに耳を傾け、それを自分のことのように感じながら（共感）、時に相手の表現を繰り返したり質問したりすることを通して、さらなる言葉を引き出していくことです。それによって、話者自身も予想していなかったような思いが出てくることもあるでしょう。インタビューの際にもそうした傾聴の姿勢は極めて重要です。

話の合間に適度に頷いたり、相槌を打ったり、言いよどんでいる場合には助け舟を出したりと、相手が話しやすい環境を整えます。また、何か言いたいことがあっても、それをうまく言語化できない人もいます。そのような場合にはうまく質問することによって、相手から内容を引き出すきっかけ作りを行うことも、インタビュアーの大切な仕事です。事前に下調べをした内容の中で、相手が話題に上げないテーマがあれば、こちらからそのテーマをぶつけてみるのもよいでしょう。

いずれにしても、インタビュアーがあまり話しすぎないことが大切です。自分の話す量を減らして、できるだけ相手の話す量を増やすことを心がけてください。ただし、取材というものの性質上、相手の話したいことばかりを優先して、こちらの聴きたい情報が十分に手に入らないのでは困ります。あくまでも主導権は握りつつ、相手に気持ちよく話してもらうことが重要です。

⑧取材相手の象徴的な一言、様子、場面をキャッチする

後で焦点の定まった記事にまとめていくためには、インタビュー全体の要点をキャッチする必要があります。それには、キーワードともいえる印象的な表現を見つけることです。

取材相手が最も熱を込めて語っているところにはキーワードが潜んでいる場合が多くありますし、印象的な言葉が出てくるまで、様々な角度から問いを重ねていくことも大切です。もし、その人からしか聞き出せない表現を捉えることができたら、そのインタビューは成功といえるでしょう。例えば、取材相手が「感動しました」という言葉を言ったとして、それをそのまま記事にしたのでは、読み手の胸を打つ文章にはなりません。

もちろん、注意も必要です。「これはいい言葉だな」と思って、その言葉に引きずられてインタビューを進め、肝心なことを聞き忘れてしまっては本末転倒です。象徴的・印象的な言葉を捉えつつも、聴くべきスタンダードな事柄についてはきちんと押さえなければなりません。

⑨話に遊びをもたせる、雑談も重要

インタビューにおいては、時に話が脱線することがあってもかまいません。雑談を通して、新たな話の展開が見出されることもあるからです。最短距離で話を進めることが正解ではなく、寄り道をすることで話に奥行きが生まれることもあるのです。可能ならば、ゆとりをもって取材時間を設定しておけるとよいでしょう。取材相手の都合もあるので、難しい部分もありますが、十分な時間のない状況では、どうしても焦りが出てきてしまい、コミュニケーションの中で生まれる新しい発見に出会いにくくなってしまいます。

雑談で意気投合することによって、その後のインタビューがスムーズに行われるケースもあります。雑談は無駄話ではなく、人間関係を形成していくために必要なものなのです。

⑩話の潮目を見極める

インタビュー中、記者は、上空から俯瞰的に対話内容を捉えるような視点を

持っている必要があります。一方では対話の相手として取材対象の話を傾聴しながらも、他方では常に外側から話の流れを意識しているという状態です。相手に気持ちよく話してもらいつつ、聴きたい内容を聞き出すために、「ここは掘り下げる必要があるな」「ここは記事になりそうだ」といった点には、さらに深く切り込んでいかなければならないのです。

そのためにも、前出の⑦で述べたように、記者の側が話の主導権を握っておくことが重要です。話の潮目を見極め、ここだ、というタイミングを見つけたら、言葉を挟んで一旦話を切ったり、質問によって話の流れを転換させたりすることも時には重要です。

⑪キーワードを探り当てる（「見出し」を意識する）

取材の際には、後で記事を書く時のことを常に意識していなければなりません。前出の⑧とも関連しますが、取材相手の話に耳を傾けながら、「いまの言葉は記事に使えるな」「このフレーズは、ニュースのポイントになるな」などと、頭の一部では内容のカギとなる言葉（キーワード）を探っておく必要があります。言いかえれば、アウトプット（原稿の執筆）を意識しながらインプット（取材）を行うということです。後に、そのキーワードが記事をまとめる際の焦点となったり、記事の落としどころや記事に掲げられる「見出し」となったりすることになります。

インタビュー中にメモをとる際には、キーワードになりそうな言葉を○で囲むなど、強調しておくとよいでしょう。後で振り返る時よりも、話を聞いている最中に記者自身が感じた強い印象こそが、よい記事を書くうえで最も大切になります。

⑫あえて本題から入らない

時間にゆとりがあるときに限りますが、あえて本題から入らないという方法もあります。取材内容と一切関係のない話からスタートして、徐々に本題に入っていくという進め方です。特に取材相手が初対面の場合には、冒頭のフリートークがアイスブレイクの役割を果たしてくれるのです。最近話題の事柄や、下調べした情報の中から比重の軽いものを世間話のように話題に上げてもよいでしょう。「今日は暑いですね」「○○さんの服装は個性的ですね」といった何気ない会話でも十分です。初対面同士の堅かった雰囲気が、そうした言葉がけでふっと和らぐことでしょう。

互いに緊張した状態で取材を始めても、聞きたい内容がうまく引き出せない可能性もあります。心理的な安全性が保たれた中で、インタビューを行う必要があるのです。

⑬絶えず観察する・現場で直に見聞きすることのできない読者の目、耳となる

記者は、現場に行くことができない読者の目であり耳であるという意識を持つことがとても重要です。どんなに些細なことでも取りこぼさないように、きちんと観察して記事にしなければなりません。記者には観察力が求められます。現場の雰囲気や取材相手の様子や言葉を、ちょっとした変化も含めて、様々な角度から捉えることが求められるのです。

話の内容に関して言えば、取材相手が、最初の発言と矛盾するような発言を同じインタビューの中で口にすることがあります。そのような場合には、矛盾点をそのままにせず、「さっきおっしゃっていたことと違っているように感じますが、これはどういう意味ですか」ときちんと尋ねるようにしましょう。取材が終わってから矛盾点に気づいても、後の祭りです。絶えず読者の目、耳を意識しながら、俯瞰的な眼差しをもって全体に注意を行き渡らせ、チェックするように心がけるとよいでしょう。

⑭取材相手の発言を本人に要約して返す

取材相手の話を聴いていて、内容が拡散していくように感じられた場合、適切なタイミングで「それはつまり、こういうことでしょうか？」と要約して伝え返すことも重要です。そうした応答には、話の内容を整理するとともに、内容の理解が正しいかどうかを確認するという意味合いも含まれています。それによって話の筋道が互いに明確になり、その後の対話がスムーズに展開しやすくなりますし、取材相手が自分の言いたかったことに改めて気づくことで、新たな話の広がりを呼ぶことにもつながることでしょう。この意味で、インタビューの内容には、取材対象と記者とが共同作業で作り上げていくものであるという側面もあるのです。

ただし、このとき、的外れな要約にならないよう気をつけなければなりません。話の骨子をしっかりとつかみ、内容を乱暴に切り取ったり、過度に単純化したりしないように十分注意しましょう。

⑮メモを取る

取材の際は、ボイスレコーダーなどを用いてインタビューの音声を録音することがほとんどです。しかし、たとえ音声記録を残す場合でも、同時にメモも取るようにします。話を聴きながら、その時に自分が感じた印象や感

想、取材相手や周りの様子について気づいたこと、重要に思ったポイントなどを書き込んでおけば、後で記事にまとめる際に大きな助けになります。

メモの取り方には記者ごとに異なりますが、ここで一つ便利な方法をご紹介しましょう。大学ノートを写真のように折って使うのです。このような形にすることによって、メモの際にスペースをとらずに済みますし、硬さも生まれるため、ノートそのものが下敷き代わりになるからです。この方法なら、立ったままでもメモを取りやすくなります。

⑯場合によってはメモを取らずにインタビュー（メモに集中しすぎない）

前出の⑮とは矛盾するようではありますが、状況によってはメモにこだわりすぎないことも重要です。メモを取ることに集中しすぎて、相手の話を十分に聴くことができないという事態は避けなくてはなりません。ボイスレコーダーで音声を記録している場合にはなおさら、「今は話に集中したほうがよい」という状況では、話を聴くことにのみ意識を注ぐべきです。

取材の現場で、肌で感じたことは記事を書くうえでもとても重要です。そのセンサーの感度を上げるためにも、メモに集中しすぎないことも求められます。あくまでもインタビューは情報の一方的な「聞き出し」ではなく、対話であることを忘れないでください。

⑰共感しながら、距離をとる──「理解」と「同調」は異なる

取材相手に共感することはとても大切ですが、それに巻き込まれてはいけません。取材相手に感情移入しすぎるあまり、相手との距離がなくなってしまっては、客観的な記事を書くことができなくなってしまいます。

言い換えるならば、「理解」と「同調」は異なるということです。「理解」とは相手の立場に立って、相手の考えることや感じることを想像してわかる、ということであり、「同調」とは相手に合わせて、自分もそれに同化する、ということです。似ているようですが、両者は異なります。「同調」では、相手に合わせて記者自身の視点が消えてしまうのに対して、「理解」では、まさに記者の思考や感情をフルに使いながら、同時に相手のそれに共感的に思いをめぐらせることになります。例えば、殺人事件の被害者家族に取材をする場合に

は、相手に感情移入し、加害者に対して強い憤りを覚えるようなこともあるでしょう。それは人間として当然の感情ではありますが、読者に有益な情報を伝えるためには、あくまで記者として客観性を保った視点が不可欠になります。

前出の⑥で述べたように、取材相手とできる限り距離を縮めつつも、他方では絶えず、一歩引いたところから距離をとって関わることを忘れてはならないのです。

⑱想定外を呼び込む

取材の醍醐味は、取材前には予想もしていなかった事実に出会えることでしょう。十分な準備をし、仮説を立てつつも、想定外の展開に開かれたインタビューが理想です。仮説が覆されるということは、決して避けるべきことではありません。思いもよらなかった事実に遭遇することによって、問いが深まっていくからです。もちろん、想定外を呼び込むためにはきちんとした「想定」が必要です。事前の十分な準備なくして、想定外はありえません。徹底した準備の先に出会うことのできる想定外の中にこそ、面白みがあるのです。（井藤 元）

現役記者が語る！　必勝パターン「取材時の心構え」編

――必勝パターン「取材時の心構え」の項目の中から、特に重要だと思われるものは何でしょうか。ご自身が経験した具体的なエピソードを交えてお話しください。

三木：取材時の心構えだと、大事だなと思ったのはまず①でしょうかね。事前の仕込みというところですね。インタビューというものは、記者にとっては必ずやらなければいけない仕事ではあるのですが、インタビュー時間って限られているわけです。もちろん1時間取っていただける方もいれば、15分しかないっていうパターンもあります。

例えば私は、5年ぐらい前に文部科学省を担当していたことがありました。省庁担当の場合は、火曜日と金曜日に閣議のあとの大臣記者会見というのがあるんですよね。そこで質疑応答の機会がある。大臣ともなるとものすごく忙しいので、個別に取材って難しいんですよ。そうすると閣議後の記者会見が、考えを聞き出す貴重な場ですが、時間は長くても20分。短ければ10分という時もあって、そういう時に何を聞いて、いかにして聞き出そうかっていうことをものすごく考えます。事前に想定問答も考えます。こういう質問をしたらこういうふうに答えてくるだろうと。Aと答えてきたら次はこういう質問を重ねようとか、Bと答えてきたらこういう質問を重ねようとか。でもこういう聞き方だとこういうふうに逃げられちゃうかもしれないから、もうちょっとこう言ってみようとかですね。何度もシミュレーションしますね。

それでも、あとで某大臣から「あの質問はちょっと生ぬるいね。もう一歩踏み込んで突っ込んで聞いてくれたら私のほうももうちょっと言えたのに」と逆に諭されることもありました。

毎日新聞で「学校とわたし」という何十年と続いているコーナーがあります。ある著名人の方に小中学校とか大学時代のお話を聞くんですが、そういう時もその人に関するいろんな本を読み込んだり、ネットに流れている情報をちょっと摘まんでみたりして事前に情報は仕入れます。取材時間も限られているので、これとこれを順番に質問しようっていうのはあらかじめ取材ノートに書いて臨むようにはしていますね。

もちろん想定どおりいかないこともありますし、逆にそういう時に面白い言葉やエピソードを聞き出せた瞬間が一番うれしいと言いますか、あまり想定どおり進んじゃうと面白みがないんですが、思わぬ言葉を引き出せた時が一番手応えがある瞬間です。

取材相手によってはなかなか昼間会っても答えてもらえないケースがあるんですよね。例えば役所の人ですと周りに同僚がいたりして、なかなか本音を語ってくれなかったりします。例えば携帯に電話してみたり、あるいは役所から帰る時を待ち伏せしたりということもやるんですけども、そういう場合、最初は役所から出てくるところをずっと待ち続けても無視されて、名刺も受け取ってくれないところから始まって、1週間経ったら名刺を受け取ってくれるようになり、1か月後にしゃべってくれるようになり、だけど雑談以外は答えてくれない。耐えつつも、そういうことを繰り返していくうちに、半年後、場合によっては1年後ということもありますけれども、裏情報を教えてくれるようになることもあります。

ただそれに気づかない記者もいて、ぽろっとヒントを出しているのに、気づかないで見逃しちゃうというパターンもあります。ある記者と別の会社の記者と二人である警察官のところに取材に行った時に、片方の記者は大事な情報を聞き逃してしまい、翌日紙面を見たら片方の新聞だけには載っているということもありますね。もちろん逆もありますよ。私も聞き逃して、「某新聞には載ってるのにお前は何を聞いてたんだ」と怒られたこともありました。

ですから先ほどの事前の仕込みではないですが、こっちが勉強することが大切で、ただ「教えてください」っていうことじゃなくて、「これこれこういうことですよね」と。ついては、「この部分だけ教えてください」とかそういう仕込みはすごく大事だと思いますね。

あとは⑬、絶えず観察することは大切です。直に見聞きすることのできない読者の目や耳となるのが記者の仕事でもあります。新聞記者の場合、まず新人時代に必ずスポーツ取材をやるんですね。その代表格が高校野球なんです。通常なら6月、7月になってくれば夏の甲子園を目指した県予選が開かれるわけで、それを新人記者は必ず取材をするんですね。ヒーローとか、あるいは負けたチームのキャプテンなどにクローズアップした記事を書きます。「人もの」と我々は呼んでいますが、あの試合のあの場面でどういうことを選手は考えて、盗塁したんだろうとか、バントしたんだろうとか、投げたんだろうというのは記者しか聞けない話だと思うんです。そういった取材の時に、表情とか仕草はよく見ますよね。

例えば負けた時なんかは、単に悔しそうに話したというだけだとちょっと伝わりづらいんですけど、そのとき表情や目はどんな感じだったか、伏し目がちだったのか、言葉数が少なかったのか、涙はこぼしていたのか、とつぶさに観察して、表現することもありますし、質問する時も試合中その選手の動きをよく観察して、「4回裏のあのバッターボックスに立つ前、監督とコソコソ話していましたけど……」というふうな質問をできるかできないかで全然違ってくるんですよね。だからその場面を見ていないと、試合が終わったあと、「試合どうでしたか?」「明日の試合はどうしますか？」としか聞けない。具体的な場面や動きを見ていると、例えば「1回打席を外した」とか、「空を見上げた」とかそういう場面をつぶさに観察していると質問がしやすくなります。

あと、⑮、⑯のメモを取るとありますが、これって実はすごく面白い。私はとにかくメモを取るんです。もちろん事前にＩＣレコーダーで録音させてもらいますと断りを入れても、必ずメモは取るようにしています。最近、沢木耕太郎さんの本を読んだら書いてあったのですが、沢木耕太郎さんはインタビューする時にメモを取らないそうなんです。沢木さんがインタビュー取材を受けた時に、取材している人がメモをする時としない時があると。メモを取ったり取らなかったりすると、今のところはメモしたから面白いと思ったんだなと相手に思われるって言うんですよね。

つまり、一生懸命うんうん頷きながらメモを書いていると、「この記者はここが面白いからここを聞きたかったんだな」って。ペンが止まると、「この私の答えはつまらないんだろうな」と相手の気持ちが見えちゃう。確かに自分でも、ペンが止まる時は時々あるかなとは思うんですけど、それを読んでからは常にメモを走らせるようにしようとスタイルを変えました。

確かに自分がインタビューを受けている時に、相手のペンがずっと止まっていたら嫌だろうなと思うじゃないですか。だから、取る取らないはそれぞれなんでしょうけど、そういうふうな見られ方もするんだなっていうのはすごく面白かったですね。

――失敗談を教えていただけますか。

三木：これは私が若いころだったんですが、「取材に行けばみんなお話はしてくれるだろう」とちょっと勘違いをしていた時期がありました。あるお子さんが自殺してしまったご家庭を取材しようとした時に、「ご遺族は取材に応じて答えてくれるだろう」という先入観があって、当たり前のように行ったら「私たちがどう思っているかをあなたは考えたことがありますか」って怒鳴られて追い返されたことがあります。それは入社して1年過ぎたころだったでしょうかね。

感度という面では、ある詐欺事件を一緒に取材していた後輩記者がいいネタを取ってきたのに、「まだ記事にはできない」と勝手に判断してしまったために別のメディアに出し抜かれたことはありました。

具体的に言うと、その事件でいよいよ警察が強制捜査に動くだろうっていうタイミングをずっと追いかけてきて、後輩記者がそれを察知して、どうも明日強制捜査に入りそうだということで、「三木さんこれは記事にしたほうがいい」と。大体そういう場合は裏取りと言いまして、もう一か所裏付けを取りに行くんですよね。一つだけの情報だとちょっと心配なので。で、その役目を私がしたんですけれども、ある懇意にしていた警察幹部のところに行ったら「いやいや、それは間違いだ」と完全否定されたんです。自分も「まだだろうな」っていう先入観があったもんですから、「やっぱりそうか」ということで、それ以上突っ込まずにそのまま帰ってきてしまった。もう少し粘っていたら違っていたかもしれません。

また、これも若いころの失敗談ですが、足しげく通っていたある警察幹部が、ある日「昔、遺体が見つかった事件が近いうちに動くから注意しときな」とこっそりヒントをくれた。昔の事件ですから当然私はその事件のことを知らない。本来はデスクや先輩記者に相談すればいろんなアドバイスをもらえるはずなのに、どこから手をつけていいかさえ分からないまま一人で抱え込んでしまって、結局、他紙に出し抜かれてしまったことがありました。

3. 原稿執筆時の心構え

原稿執筆時に気をつけるべきことも多岐にわたっています。事実に基づいて、正確でインパクトのある情報を読み手に伝えることが基本です。きれいにまとまった文章を書くことも重要ですが、それ以上に、ほかでもない「私」が書く意味を大切にしたいところ。私が私の目で見聴きしたことを、私の手で文章にする。そのようにしてできた記事が読者の心に届けば、記者冥利に尽きるといえるでしょう。

①問題提起する

この記事を書くことで、自分は読み手にどんなことを訴えかけたいのか。問題意識をはっきりさせておくことは極めて重要です。

自分はどのような立場に立ち、記事を通して社会に何を伝えていくのか、そのことが社会に何を問うことになるのか。記事を書く際には、書き手自身の問いの深さが試されることになります。

②プロ→素人への翻訳作業

ある分野の専門家に取材をする場合には、聴いてきた内容をそのまま記事にしたのでは、専門性が高すぎて、一般の読者には難解すぎる内容となってしまうことも多々あります。そこで記事を書く際には、プロから聞いた内容を素人でも理解できるような形でかみ砕く工程が必要になります。

ただし、内容をわかりやすくしようとするあまり、すべてを単純化しすぎることは避けねばなりません。難しい話を端的に書く。それには、取材対象の発した言葉の趣旨をきちんとつかむこと、時には関連する事柄を自分でさらに踏み込んで調べてみることも大切です。また、専門用語の羅列ばかりでは読者が飽きてしまいますから、適切なたとえやイラスト、図表を用いるといった工夫も必要でしょう。エッセンスをつかんだうえで、かつその内容の奥行きを保ちながら、わかりやすく記事を書いていくことが求められます。

③熱の注入—驚きや発見を大切に

文章には書き手の思いがそのまま出てしまうものです。筆が乗らないままに書かれた文章では、読み手にもそうした雰囲気が伝わってしまいます。取材時のわくわくした気持ちや驚き、強く動かされた思い、現場で感じた鮮烈な印象を大切にして文章を書きたいものです。読者にこのことを伝えたい、今、私がこれを伝えなければならないという使命感がマグマのように沸き起こってくるのが理想です。

もちろん、あれもこれも伝えたいという思いばかりが先走ってしまっては、よい記事にはなりません。熱意のみでは、客観性を欠いたわかりにくい文章になる可能性もあります。「冷静に、しかし情熱的に」を心がけましょう。

④五感に訴えかける

記事の読み手は、文字情報のみから現場の様子を想像することになります。一緒に写真が掲載されている場合には、視覚情報に訴えかける形で現地の様子を伝えることもできますが、そうでない場合は、文字だけでその場の雰囲気や細部を伝えなければなりません。

現地に居合わせたことがない人に、その場の状況をありありと思い浮かべてもらうためには、読み手の五感に訴えかける必要があります。**2．取材時の心構え**の⑬とも関連しますが、目や耳から得た情報だけでなく、記者が現場で嗅ぎとった匂い、感じた手触りや温もり／冷たさ、味わいが、文章や行間から伝わるように心がけましょう。

⑤基本は逆三角形構造

新聞記事は「逆三角形構造」になっています。それがどのようなものなのか、説明していきましょう。

多くの場合、記事の最初の段落には5W1Hの要素が含まれています。5W1Hとは、「When（いつ）Where（どこで）Who（だれが）What（何を）Why（なぜ）How（どのように）」の頭文字をとったものです。こうした基本情報がまずは冒頭に配置され、その後も重要度の高い情報から配置されるため、逆三角形構造と呼ばれるのです。

これは推理小説などとは構造がまったく異なります。仮に読者が最後まで記事を読まなくとも、冒頭の数行を読んだだけで、出来事のおおよその内容を把握できるような構成であることが求められるのです。もちろんすべて必要な情報ではありますが、あくまで重要な順に書いていかなければなりません。そうしておけば、朝の忙しい時間や電車の中などで新聞を読んでいるような読者が、途中までしか記事を読めなかったとしても、概要を理解することができるでしょう。

新聞記事がそのような構造を取る理由はもう一つあります。新聞記事はインターネット記事などとは異なり、紙幅（面積）が限られていますので、スペースに収まりきらない場合は、編集担当の記者が後ろから文章を削っていくことになります。こうした事情から、新聞記事は重要な事柄から順に記されるような構造となっているのです。

⑥パーツを揃える

記事を構成する際には、必要なパーツをあらかじめすべて揃えておくようにしましょう。パズルのピースが揃った状態で書き始めなければ、伝えたい内容を十全に伝えることはできません。原稿を執筆する時になって、パーツが足りない！ と気づいた場合には、追加取材が必要になります。不足している情報について、メールや電話で事後的に問い合わせをすることもあります。

ただし、取材には相手の都合があり、追加で取材を行うことが難しいケースもあります。その意味でも取材前の事前準備の意味はきわめて大きく、必要なパーツは何か、どのような情報を揃えておかなければならないかについて、取材の段階でおおよそのイメージを持っておくことが重要なのです。

⑦パーツごとの順序性（ストーリー性）を意識

記事を書く際、まず必要なパーツを揃えたら、最初から一気に全体を書き上げるのではなく、その順序（優先順位）を考えることから始めましょう。必ず含めるべき情報のまとまりをいくつか並べておき、それをどの順番で提示すればよりうまく読み手に伝わるか、展開やストーリーがわかりやすくなるかについて、しっかり戦略を練る必要があります。

それには、段落ごとにテーマを決めることが大切です。主張したい内容を段落ごとに分けることで、明確に伝わりやすくなるような見せ方を心がけるのです。ストーリーというと「起承転結」を思い浮かべる方もいらっしゃるかもしれませんが、新聞記事の場合は、特にそれにこだわる必要はないでしょう。段落ごとの主張が明確であれば、記事に応じてふさわしい並びで問題はないのです。一段落が長くなりすぎないように配慮し、全体をシステマティックに組み立てるよう工夫しましょう。

特に特集記事を書く際には、分量も多いため、さらにユニットごとに分けて構成することになります。長い文章では、見せ方の順序の工夫がより一層求められるのです。

⑧捨てる勇気を持つ・ひたすら削る

「せっかく取材して集めた情報だから、何としても記事に盛り込みたい」と思うのは当然のこと。プロの記者でも、字数の関係で泣く泣く内容を削るということが多々あります。

1.基本姿勢の⑦とも関連しますが、9を削ることで、残る1の主張が明確になり、記事はより濃密なものになります。仮に9割方の情報を物理的に削ったとしても、それらは間違いなく記事に反映されるものです。その意味では、「削る」というよりは、「濃縮する」というイメージが近いかもしれません。

また、文章そのものについても、極限までぜい肉を落とし、スリム化していく姿勢が求められます。紙面が限られている以上、伝えたい内容をできる限り多く盛り込むためには、表現上不要な部分をとことん削る必要があるのです。

捨てることはネガティブなことではありません。今回削った情報が自分の貯金となって、その後の取材に際して仮説を立てたり、別の人の話を聴いたりする時のヒントになることもよくあります。よりよい記事を書くためと、捨てる勇気を持ちましょう。

⑨具体的に書く

抽象的な書き方では読み手に伝わりにくく、人によって多様な解釈を引き起こす可能性が高くなります。暗喩や抽象表現によって膨らみをもたせる詩や文学とは異なり、記事においては、できるだけ細部まで具体的に描写し、誰が読んでもほぼ同じ意味に伝わるように書くことが求められます。読み手が、記事の内容をもとに「絵が描けるくらい」の具体性が必要なのです。前出の④とも関連しますが、記者自身の五感（視覚、聴覚、嗅覚、味覚、触覚）を用いて、読者の感覚を刺激するような表現を心がけ、自分の伝えたい内容が正確に読み手に届くように工夫しましょう。

⑩一文を短くする

一文はできるだけ短く、これが鉄則です。短い文を積み重ねることによって、文章にリズムが生まれます。いわば、畳みかけていくようなイメージです。読み手によっては、記事を丁寧に読んでいる時間がないかもしれません。流し読みの人にも事実が適切に届くようにするには、簡潔な短い文でコンパクトに伝えることが重要です。

だらだらと長い文章では、読み手が途中で意味を追えなくなってしまいます。一文が長くなってしまった場合は、二文に区切ってみるとよいでしょう。区切った文章は必要に応じて接続詞でつなぎ、論理の展開を明示することをお勧めします。

⑪ひらがなを増やす（余白の重要性）

漢字が多用されすぎていると、記事の空間がぎっしりと埋まっている印象を受け、紙面をパッと見ただけで、読み手の意欲を削いでしまう可能性があります。難しい漢字や熟語を使ったほうがよいというわけでもないのです。ヴィジュアル的にゆとりのある記事にするためには、意識的にひらがなを増やすことも時には必要です。

⑫極力形容詞を使わない

「おいしい」「面白い」「楽しい」「かわいい」などの形容詞は、誰にとっても使いやすく、便利なものではありますが、一方で平板で月並みな表現になってしまう側面があるのも事実です。どうおいしいのか、どう楽しいのか、細かい部分が伝わりにくいのです。SNSの投稿には主観的な形容詞があふれていますし、SNSはむしろその方が適しているメディアであると言えますが、新聞記事はそれらとは性質が大きく異なります。あくまで客観的で詳細な、具体性のある情報が求められます。そこでプロの記者は、あえて形容詞を封印して印象を表現するように留意しています。極力形容詞を使わずに書くことは、出来事をいつもとは違った視点で描写する訓練にもなるでしょう。

⑬事実関係を確認する

年齢や数値のデータなどについては、入念なチェックを怠らないようにしましょう。特に人名、固有名などの表記や読み方を誤るということは、情報を取り扱ううえでその対象への敬意を欠いているだけでなく、誤表記した際の影響も大きくなるため、しっかりと確認する姿勢が求められます。

また、事実関係があいまいなまま書くことは絶対に避けましょう。事実に関わる詳細情報は、どんなに小さなものであっても、記事全体の正しい理解を左右するものです。読み手に疑問を持たせたり、誤解を与えたりする可能性をなくすよう、あらかじめ全方向的にチェックしておかなければなりません。

⑭声に出して読む

自分の書いた文章を声に出して読んでみることによって、目で追っているだけではわからなかった点に気づくことがあります。声に出して引っかかる箇所があれば、そこは文章の通りが悪く、読者にとっても読みにくい可能性が高いかもしれません。できあがった文章は、一度声に出して読んでみて、スムーズな流れになるよう何度も修正をはかりましょう。

⑮読む人の立場になる

読み手の立場に立って文章を構成することは極めて重要です。自分にとっては自明の事柄でも、初めて読む人には意味が通じないということはよくあるものです。前出の②とも関連しますが、例えば専門用語が多用されている文章は、一定の知識のある人以外の読み手を排除することにもつながります。予備知識のない人が読んでも、ある程度の内容をつかむことができるような配慮が求められますし、他方、主観的で独りよがりな文章もご法度です。記事は伝わってこそ価値があり、いくら名文でも、伝わらなければ意味がないのです。ここでもやはり俯瞰的な視点を忘れず、仮想の読者を複数想定し、自分の書いた内容がどんな人にも同じように伝わるかどうか、常にチェックするようにしましょう。

⑯文章を寝かせる

記事の完成度を上げるにはどうすればよいのでしょうか。「文章を寝かせる」ことも一つのテクニックです。一度書いたらそれで完成とはせず、数時間、あるいは数日置いてみるのです。一定の期間を経て、改めて自分の文章を読んでみると、新たな発見に気づくことがあります。また、誤字・脱字、論理の飛躍といった、文章の不備なども発見できるかもしれません。読み手は同じ自分なのですが、記事内容に入り込んで執筆していた時とは異なり、文章との間に距離が生まれ、冷静で客観的な視点でもう一度振り返ることができます。

もちろん、締切の都合もありますから、文章を寝かせている余裕がいつもあるわけではないでしょう。けれども、もし時間的にゆとりがある場合には、ぜひ時間をおいて、自分の文章と何度でも向き合うようにしてみるとよいでしょう。

⑰人に読んでもらう

自分では「うまく書けた！」と思っていても、他人が読むとそうでもない、ということはよくあるものです。読んでくれる人が周りにいる場合は、自分が書いた文章にぜひコメントをもらいましょう。第三者の視点で客観的に見てもらうと、自分では気づくことができなかった発見に至ることがあるかもしれません。

プロの記者の場合でも、書いた文章がそのまま掲載されることは基本的にありません。まずはデスクが記事を読み、その後でさらに編集担当の記者が、最後には校閲担当記者がチェックします。プロであっても、あるいはプロだからこそ、多くの目を通して記事を完成させるのです。たとえ一人でも、身内の人でもいいので、第三者に読んでもらうことができるなら、わかりにくい点はないか、流れがおかしくないかなどについて意見をもらい、それを踏まえて少しでも文章をブラッシュアップできるように努めましょう。

⑱「私」を消す記事と「私」を出す記事

記事には大きく分けて、「私」を消す記事と「私」を出す記事があります。事件事故記事などは、出来事を客観的に捉え、事実を正確に捉えることが求められます。つまり、「私」の存在は前に出さず、誰が読んでも同じ事実に至ることができるような記事にすることが必要です。

対して、社説やコラムなどにおいては、「私」を出すことが求められます。ほかならぬ「私」から見た世界を前に出すことが重要なのです。記事の性質に応じて、どちらが求められているかを見極める必要があります。

記者トレでは、両方のタイプの記事を書く力を養っていきたいと考えています。

（井藤　元）

インタビュー③

現役記者が語る！　必勝パターン「原稿執筆時の心構え」編

――必勝パターン「原稿執筆時の心構え」の項目から、特に重要だと思われるものは何でしょうか。ご自身が経験した具体的なエピソードを交えてお話しください。

三木：まず⑨でしょうかね。具体的に書くというところは、私が若いころデスクからものすごく指導されました。具体的に言いますと、ある熱血教師が、自殺してしまった事案があったんですね。熱血教師がなぜ自殺してしまったんだろうと追跡をして、連載をしたのですが、その熱血教師が生前ずっとノートに書いていた日記をご遺族からお借りすることができました。その内容を記事にする時に、「日記には、何月何日こういうことが書かれていた」って書いたら、デスクから、じゃあその文字はどれぐらいの大きさの文字だったんだと。濃いのか薄いのか、ボールペンなのか鉛筆なのか、そのノートの罫線の幅はどれぐらいなんだと。文字はどんな感じなんだと。そこまでちゃんと書けと言われたのです。そう言われてよく観察してみると、確かにものすごく太く書かれている時期と、手が震えていたんだろうっていう細く震えるような、波打ったような字の時期とは、よく見ると違ってるんですよね。それから「俺は頑張って生きるんだ」みたいな言葉があったと記憶してるんですけども、そういう時にはノートに押し付けて力を込めて書いたんでしょうね、紙に凹凸があるんですよね。ボールペンでギュッと押し付けたから字が窪んでるんですよね。だからそういうディテールを書くことで、この文字を書いた時のその先生の思いが伝わってくるだろうって。

先ほど高校野球の話をしましたけれども、試合が終わって逆転負けしてしまったチームのキャプテンなんかに取材すると、『悔しかった』と涙をこぼした」、なんて書きがちなんですけども、「じゃあ涙をこぼしたってその涙のこぼし方はどうだったんだ」というふうにデスクから詰められるわけです。つまり、一筋流した感じなのか、ウルウルさせた程度なのか、必死で上を向いて我慢していたのか、ボロボロ止めどなく流れたのか。それによって「悔しかった」という言葉の重みが違ってくるだろうと言われました。なので、「涙をこぼした」とか、「悔しそうに語った」という一文を書く場合も気をつけるようにはしてますね。

――今のお話は、「形容詞を極力使わない」という⑫のお話ともつながるわけですよね？

三木：そうですね。形容詞を安易に使っちゃいがちなんですよね。「悔しそうに話した」とか、「うれしそうに話した」とか。「悔しそうにってどんな表情なんだと、うれしそうにってどういう表情なんだというふうに書け」とよく言われましたね。

また、基本姿勢の中に実は気になる項目があります。基本姿勢の⑤に「うまい文章」を読むっていうのがありますよね。これは私の原稿執筆時にも心がけています。うまい文章を読むっていうのはものすごく大切で、名だたる作家の人の文章って表現力というか、言葉の豊富さというか、もう全然違うんですよね。私の好きな作家で言うと、松本清張とか、吉村昭とか、山崎豊子とか、この人たちの表現力たるや、もうとてもとても自分の頭からは出てこないような表現力なので、時々メモして手帳に書いておいたりします。怒りの心理描写でも松本清張が書くとこういう書き方や表現になる、吉村昭だとこう表現するのか！　と。向田邦子もすごく上手で参考にしていますね。今すぐパッとそれらの巧妙な表現が自分の口からで出てこないのが悲しいんですが。

あとは、⑰の「人に読んでもらう」というところなんですけど、私は人に読んでもらうというよりは、自分で原稿を書いた場合は書き上がると、時間がある時ですけど、いったん頭をリセットして、コーヒーブレイクをとって、まったく真っさらな状態で読み返すというのはよくやっています。読者目線というか。どうしても最初は思いが強すぎてバーッと書いちゃうんですけど、思いだけが先行してあとから読んでみると全然内容がわからないということがよくあって、1回頭をリセットして読むと、「ここが足りない」とか、「ここがちょっと回りくどい」とか、「この文章が長い」とかっていうのが見えてきます。
⑯の「文章を寝かせる」に近いかもしれませんね。同僚なんかに聞くとちょっと難しい内容の原稿を書く時は家族に読んでもらったり、友だちに読んでもらったりしている人もいるみたいですね。そうすると「ここはわからない」とか、「ここでつっかえちゃう」とか出てきます。書いた本人は、当たり前だと思って書いていても、第三者が読むと「この言葉がわかんない」とか、「ここで詰まっちゃう」とか、「これはどういうことなの？」っていうのが見えますね。

コラム 記者が一人前になるまで

——新聞記者はどのようなプロセスを経て一人前になるのでしょうか。

三木：新聞記者の場合、システムとしては昔も今も多分変わっていないんですけど、まず、地方の支局に配属されるんですね。私は前橋支局だったんですけど、支局に5年いました。今はちょっとサイクルが短くなって4年が多いんですけど、学校にたとえると、支局時代って小中学校に近くて、ありとあらゆることを学ぶ。国語・算数・理科・社会から体育まで一通り学ぶんですよ。

まずは、警察取材とスポーツ取材が新人記者の主な仕事です。事件事故が起きると現場に行って、取材をして、容疑者が逮捕されればそれを報道し、裁判が始まれば裁判経過を伝える。スポーツ取材は高校野球から少年野球、駅伝、サッカー、ラグビーといろんなスポーツを取材します。もちろん中には野球の知識がまったくない人もいるので、「打ったらどっちに走るのか」という所から勉強して取材に臨む記者もいます。

事件事故の現場でも見たことを書くのはそんなには難しくないんですけども、刑法や、司法制度がどうなっているかなんていうのは法学部の学生さんであれば知っているのでしょうけれど、ほぼみんな知らないので、まず本を買って読んでみたり、そういうところから自分で勉強してみます。大体それが2年ぐらいでしょうかね。

それが終わると今度はいわゆる行政取材。自治体の取材です。県庁だとか市役所だとか。感染症対策をどうするんだとか、病院の体制をどうするんだとか。選挙も取材します。それを大体2年やって、義務教育終了、といった感じです。あらゆるジャンルを取材する中で「何となく自分はこれが合ってるな」とか、「ちょっとこういう方向に進みたいな」っていうふうにだんだん見えてくるんですよね。

それで今度は本社に配属になるんですけれども、本社は専門に分かれてくると言いますか、みなさんもよく耳にすると思いますが社会部だとか、政治部だとか、報道部だとか、経済部、運動部、外信部、これは、いわゆる特派員ですね。そういういろんな部署がありまして、そこにそれぞれ配属されるんですよ。編集の担当記者もいて、出てきた原稿に見出しをつける。あとは校閲と言いまして、記事の間違いをチェックする記者もいます。

私は入社前から事件事故、いわゆる「サツ記者」をやりたくて、支局時代もずっと長い間事件事故を取材してきて、東京本社に上がったら警察取材をやりたいと思って、警視庁担当を3年やったんですけども、自分は事件記者より教育分野の取材をしたいという思いが次第に芽生えてきました。なぜかと言うと、事件の取材をしていると凶悪事件の容疑者を取材したりしますが、その周りの環境とかを取材していると生育・教育環境が恵まれていなかったりすることも少なくない。裁判を傍聴してても、生い立ちや成育歴が裁判で披露されるわけですが、そういうのを見て自分を振り返ると、自分はつくづく恵まれた環境下で育ってきたなって。改めて教育って大事だなと思って、自分の中ではこれから記者として教育をテーマにやっていきたいというふうに、途中から変わって、もうそこから十数年経って今に至ります。

——研修などもあるのですか。

三木：入社してすぐ、新人研修というのがありまして、それから半年後、それから1年後でしょうか。それぞれ研修がありますね。そこで今申し上げたような裁判の取材の仕方とか、事件の取材の仕方みたいなのはそれぞれの専門記者が教えたりします。ただ何でもそうでしょうけど、自分で方法を見つけて習得していくほうが結果的には身につくので、それを参考にしながら現場で掴んでいくという感じでしょうかね。それはどこの会社も同じだと思いますけどね。

——手取り足取り教えてもらえる世界ではないのですね。

三木：基本ないですね。だから時には同業他社の仲間、先輩から教えてもらうこともありますし、警察官から教えてもらうこともありますよ。地方の警察官は代々新米記者を見てきているわけです。そうすると、「お前の質問はなっとらん」とか、「あなたの先輩はこうだったぞ」なんて言われて逆に教えてもらうことはありますよ。

コラム　地方アナウンサー

記者トレで講師を務めるのは地方局出身のアナウンサーです。「アナウンサー」と聞くと、テレビやラジオなどのメディアで原稿を読む仕事がメインのように感じられますが、実はその仕事の内実は多岐にわたっています。本コラムでは、そんな地方局のアナウンサーの仕事について、紹介します。

――地方局のアナウンサーのお仕事はどういうものなのでしょうか。

井上真帆（以下、井上）：地方局のアナウンサーは放送のスタートから最終ラインまでを担っています。

その地域に暮らす人にとって役立つ「情報の種」や「ニュースの種」を探すのがスタートラインで、アポイントメントをとって取材をして、原稿を書いたり映像編集したりするのも地方局ではアナウンサーの仕事です。

アナウンサーは番組に出演したり、原稿を読んだりして伝える「放送の最終ライン」にしかいないように見えるかもしれませんが、ニュースの種探しから最終的に声で伝えるところまでを担う総合的な仕事をしています。

――アナウンサーに求められる力とは何でしょうか？

井上：「コミュニケーション力」と「聴く力」だと思います。

「この人にになら話しても大丈夫」という安心感を、まずは持っていただかないといけません。「こんな人に話したくないな」って思われてしまったら、おそらくそこで取材は終わってしまって、聴きたいことが何も聴けずに帰社することになります。最悪の場合、事実とは違うことを伝えてしまう可能性だってあります。

目の前の取材対象の方に安心感を持ってもらう。

アナウンサーというと「話すプロ」というイメージが強いかもしれませんが、「話す力」より「聴く力」が、特に「その地域の声」を聴く力が大切だと思います。

遠藤萌美（以下、遠藤）：地方のアナウンサーは、「番組づくりをゼロから10まで全部やる」というイメージだと思います。東京のアナウンサーは最後の10、伝えるところだけ、というイメージかと思うんですけれども、よいところも悪いところもありますが、地方局のアナウンサーは、ネタをとるところから最後の放送原稿を書いてそれを自分で読むところまで、さらにはその後に放送したもの、収録したものをチェックして、それをＶＴＲとしてまとめて、保存しておくといったような、そういったいろいろな地味な仕事もするのが地方局のアナウンサーかと思います。

「地方局」というのがすごくキーワードだなと思っていまして……私は山形県の局に務めるアナウンサーだったんですけれども、「山形でのニュースって何かな」という地元の感覚がすごく重要だなと思いました。例えば山形県はさくらんぼの生産量が全国１位の名産地なんですが、毎年県から「さくらんぼの今年の出来」についての発表があるんですね。それはもうトップニュースになるんですよ、山形県では。今年の出来は優良とかやや良とか。それは恐らく東京の人にとってはあまり重要なニュースではないと思うんですけれども。

地元のニュースの価値を見分ける感覚が身についていないと、視聴者に必要なニュースを届けられないですよね。アナウンサーももちろんその感覚を身に着けていないと、「ああ、この人はこのニュースのことをわかっていないな。山形のことをわかっていないな」と思われてしまいます。不思議なことに画面を見て表情や声だけで、アナウンサーがどのような思いでニュースを読んでいるのかがわかるんですよね。

――地方局のアナウンサーの方々は多岐にわたるお仕事をされるということですが、どのようなプロセスを経て一人前になるのでしょうか。

井上：取材や生放送で経験と失敗をたくさん重ねて一人前に近づくのだと思います。

私の場合はいきなり現場に放り出されました。

富山県には「となみチューリップフェア」というイベントがあって、アナウンサーとして働き始めてすぐの頃、そのイベントの取材に「行ってこい」と言われて。

「行ってこいって何をしたらいいの？」って思いました。

「カメラマンさんと二人で行ってこい。明日1分半で放送するぞ。以上」と。

何をしたら良いのかもわからなかったので　優しそうな先輩に声をかけたら、「まずは過去の原稿をまねなさい」とアドバイスされました。となみチューリップフェアは当時は毎年やっていたので自社のアーカイブや地元紙でどんなふうに伝えてきたか調べられます。ただ、まねだけをすると、中身が空っぽになってしまうのです。「器だけはきれいにできたけど中はすかすか」ということがあるんですよね。そういう「失敗」も経験してみないことには、食べごたえのある一皿っていうのは作れなくて……。

遠藤：本当に「現場に放り出される」というのが、正しい表現ですね。私の場合は新人のころ、特に覚えているのが、山形県知事の会見の取材の時のことです。そのときに突然、「取材に行ってきて」とデスクに言われたのですが、何を質問していいのかわからなくて。出身の北海道から山形県に引っ越したばかりで、そのときの山形県の状況もわからなくて、勉強していなかった私が悪いんですけれども。デスクに「何を質問したらいいんですか」と聞いてしまいました。そうしたら、デスクに「ばかやろう」と怒られてしまい、「自分で考えろ」というふうに言われてしまって。「自分で考える」ということが足りなかったと反省しました。そういう失敗を重ねて成長すると言えます。やはり失敗するという経験が大きいです。

また、「まねをする」ということが何事においても一番早く上達する方法だと思います。過去記事が新聞社でも放送局でも存在していると思うんですけれども、パソコンで過去記事が検索できるんですね。去年、例えばチューリップフェアとかそういったイベントが、どういうふうにして放送されたのかなど、検索して、それを見て。ただニュースなので、その年によってニュースって違いますよね。例えば今年だったとしたら新型コロナの影響で客がまったくいないとか、何がその年のニュースかというのをきちんと考えながら、過去記事をまねていくということはやっていたかなと思います。

新人の頃の私に足りなかったのは、何がニュースかさえわからないというのが一番大きかったと思います。

――過去のアーカイブを見ていると、「ここが伝えたいんだな」というニュースの勘所みたいなものが見えてくるということでしょうか。

遠藤：そうですね。ただそれはやっぱり一朝一夕にできるわけではなくて、他局も含めて、自分でいろんな記事を読んで、今何が視聴者にとって重要なことなのかとか、何が問題なのか、そういう視点を身につける作業っていうのが一番大変で、そこが一番時間がかかることかなと思います。

井上：ニュースの勘所を押さえるためには、一生活者としてあらゆるところに目を向けるということが大切ですよね。

コラム 新聞記者とアナウンサーの共通点

——新聞記者とアナウンサーの共通点は何でしょうか？

井上：現場にいない視聴者や読者の代わりに「情報」や「生活をよりよくするためのヒント」を集めて、それを事実に基づいて伝えることをミッションとしている点が共通していると思います。

余計な不安はあおらないように事実を真っすぐ伝える。つとめてニュートラルに。

遠藤：加えて「事実を確認する」ということが共通点として挙げられるかなと思いました。ただやはり違いというのがあって、記者は現場の物事や人からのお話によって事実を確認して、それを記事にするんですけれども、アナウンサーは（もちろん、地方局のアナウンサーのように現場に行っているアナウンサーもいるんですけれども）だいたいは机の上の資料とか情報から事実を確認しなければならないんですね。事実を確認しないと、その原稿に書いてあることもどういうことか理解できず、情報を伝えられないんですね。

例えば一つの言葉を伝えるにしても、その言葉の裏側がわかっていないと、どういうふうに伝えればよいかが把握できなくなってしまうんですね。アナウンサーはニュースの中で大事な一文や言葉を強調するためにトーンやスピード、間を調整しています。そのために、この原稿にあることの事柄っていうのはどういうことなのか徹底的に確認する。その作業が同じことかなと思います。

——アナウンサーは、たとえ実際に取材に行って人に会うことができなかったとしても、そこに書かれている内容を「体に入れる」というか、腑に落ちるまで理解することが必要だということでしょうか。

遠藤：そうですね。そのニュースの肝は何なのかということ。地方局のアナウンサーは自分で取材に行けるのでその点はいいなと思いますね。インタビューをした方の思いを一部だけじゃなくて全部わかっているので、その熱を伝えられます。でも一方でやはり机の上の資料しかないときもありますので、いかにそれを自分の中で腑に落として、そこに熱量を持っていけるかという作業が、アナウンサーにとってはすごく重要かなと思います。

――腑に落ちるまで理解するうえで心がけていることはありますか？

遠藤：記者トレでもやったんですけども、「要約する力」というのがすごく大事だと思います。例えば2分ぐらいのニュースがあったとしても、じゃあこれって何を言いたいのか一言で説明できるのかどうか、というところですよね。それがきちんと言えなかったら、そのニュースを理解しているということにならないと思うので。

井上：読み間違えるときは、腑に落ちていなかったということが多いかもしれません。きちんと読み解くことが大切ですよね。

第2部

実践！「記者トレ」カリキュラム

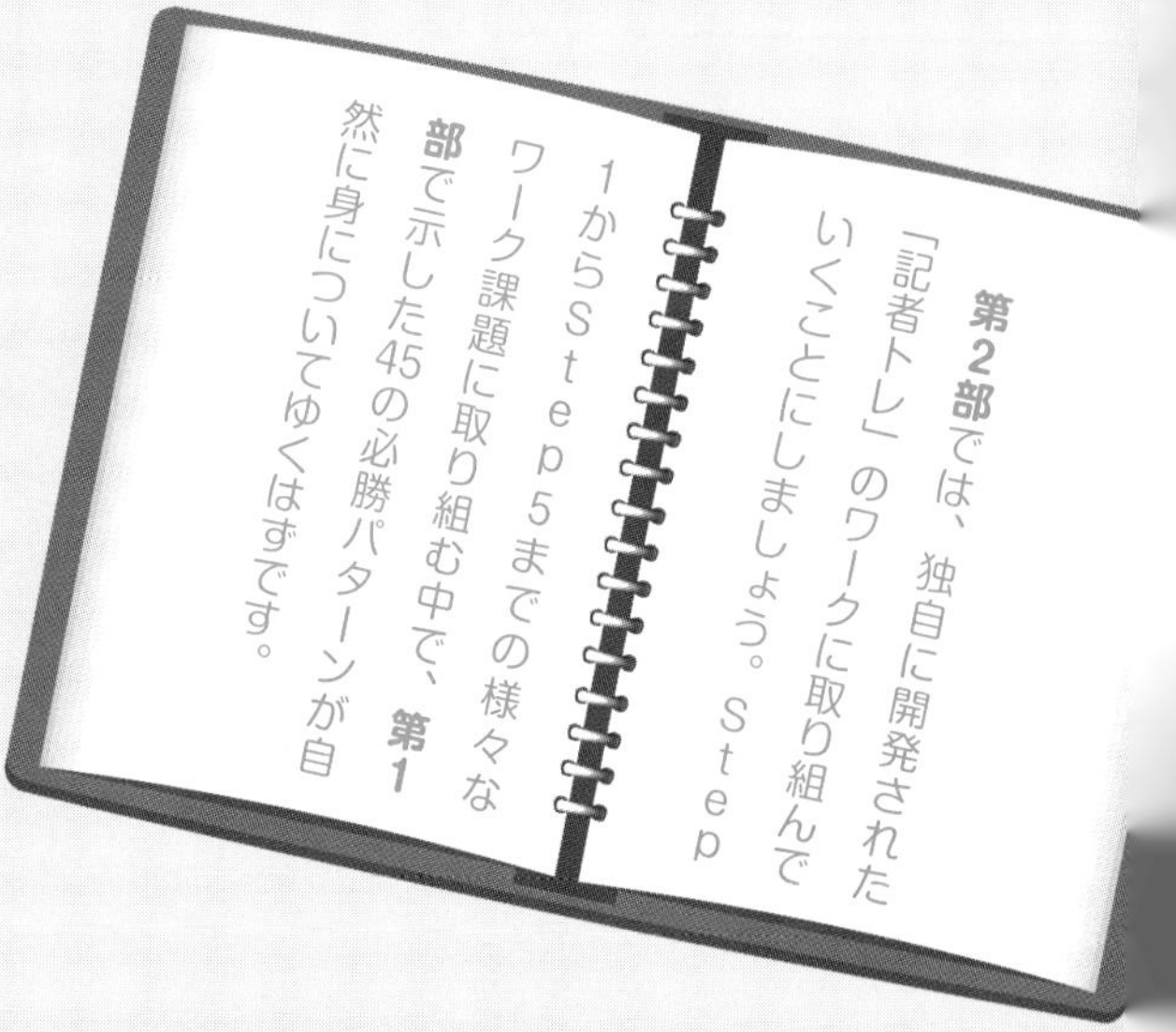

第2部では、独自に開発された「記者トレ」のワークに取り組んでいくことにしましょう。Step1からStep5までの様々なワーク課題に取り組む中で、**第1部**で示した45の必勝パターンが自然に身についてゆくはずです。

step 1 見出しをつける

見出しを考えよう

新聞の記事にはすべて「見出し」がつけられています。伝えたい記事の内容を表すキーワードが「見出し」です。見出しには唯一の正解はありません。立場が違うと情報の受け取り方や見方も人それぞれだからです。いろんな立場を理解して、ものごとを一つの面からだけでなく多様な視点で考えることが大切です。

新聞の見出しの役割

見出しは、記事の内容を一言で伝えるのです。客観的な視点で情報を伝えるために、記者がまとめた記事に専門の部署の担当者が見出しをつけます。また、写真を見ていただくとわかると思いますが、見出しは地域によって違います。情報の重要度や担当者が一番伝えたいと感じることが違う場合があるからです。

西部夕刊

親心に思いはせ

語らぬ母の優しさ

広島原爆の日

74歳男性「今こそ核廃絶願う」

原爆ドームの前で言葉を詰まらせながら亡くなった母や姉について語る金本弘さん＝広島市中区で5日、山田尚弘撮影

母の声　今ここに

愛知の遺族代表　核廃絶署名2000筆

被爆差別から守られた 思い胸に

原爆ドームの前で言葉を詰まらせながら亡くなった母や姉について語る金本弘さん＝広島市中区で5日、山田尚弘撮影

東京夕刊

見出しのつけ方

記事見出しをつけるにあたって、注意すべきポイントは以下のとおりです。

・伝えたい内容のキーワードを探す。伝えたいことすべてを見出しに入れることは難しい。
・見出しは8~10文字程度。長い見出しは意味が伝わりにくくなる、伝えたいことを簡潔に、効果的にまとめる。

■硬派面（1、2、3面の硬い記事）

・何（主語）がどうした（述語）を簡潔にまとめる。
・ニュースの核心を見極める。
・伝えたい内容を汲み取って象徴的なメッセージを残す。

■軟派面（社会面や運動面の柔らかい記事）

・記事で伝えたいメッセージを見出しに取る。
・喜怒哀楽が伝わる見出しを考える（記事を読んでおもしろいと思ったり、けしからんと思ったりしたところを見出しに取る）。
・読者の印象に残るキャッチーな見出しを考える（キーワードを考え、省略できる文字を探す）。

見出しをつけてみよう

では、実際に新聞で掲載された記事を読んで、見出しをつけてみましょう。

硬派面編

ポイント：この記事では、読み手に響くように「何がどうした」ではなく、アスリートが伝えたいメッセージをアスリートに代わって伝える見出しを考えるとよいでしょう。

毎　日　新　聞

アスリートが㊙トレ公開

新型コロナ

=ユーチューブから

アスリートからの全力応援だ。新型コロナウイルスの感染拡大で部活動が制限されている子どもたちに向け、オリンピックのメダリストやスポーツ団体が立ち上がった。ソーシャル・ネットワーキング・サービス（SNS）を用いて「自宅でできる」と題し、誰でも挑戦できるマル秘トレーニングを公開している。一流選手も自ら実践するその中身とは……。

陸上・桐生

2011年の東日本大震災後、「スポーツの力」が見直された。多くのスポーツ選手が被災地を訪問し、国際大会での活躍は人々に勇気を与えた。一方、新型コロナウイルス禍では感染拡大防止のため、雄姿を見せるはずの大会は中止となり、スポーツ教室を実施することも難しい。新たな形でスポーツ界の存在価値を発信するため、対面せずに交流できるSNSが有効活用されている。

16年リオデジャネイロ五輪陸上男子400㍍リレー銀メダリストの桐生祥秀(24)＝日本生命＝は、自らのユーチューブチャンネルで、中高生の陸上部員に向けた緊急トレーニング教室を公開した。3月10日に投稿すると、視聴回数は6万回を超えた。

「1畳分のスペースで、下に敷くタオル1枚でできます」。片足立ちになり、上体を直角に曲げてもう片方の足を伸ばし、尻の筋肉を鍛える方法では「骨盤を外に開かないよう、上げている足先は下を向けて」とコツを伝えた。京都・洛南高時代から始め、今も続けているトレーニングで「走りで使う筋肉に刺激が入る。集中してやることでライバルとの差も広がる」と語る。

カヌー・羽根田

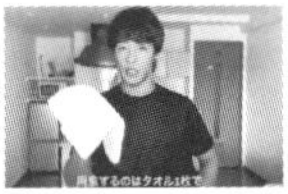

=ツイッターから

リオ五輪のカヌー・スラローム男子カナディアンシングルで銅メダルを獲得した羽根田卓也(32)＝ミキハウス＝は3月23日、普段、自宅で行っているというトレーニングをツイッターで紹介した。

「用意するのはタオル1枚」と実演をスタート。床に置いたタオルの上に両手を乗せると、雑巾がけの要領で両腕と背筋を真っすぐ伸ばした。腹を床につけないため、体幹を鍛えられるという。筋力が強くない人でもできるよう両膝を床についてできる方法も紹介した。閲覧数は18万件を超え、「コロナに負けないためのトレーニング。当然、きついです」とエールも送る。4月1日には自宅の風呂に水を張ってパドルをこぐ様子を投稿し、「外でカヌーの練習ができないから感触を忘れないようにしている」と話した。

バド・奥原

リオ五輪のバドミントン女子シングルス銅メダリストの奥原希望(25)＝太陽ホールディングス＝は、英国で行われた全英オープンから3月17日に帰国後、2週間の自宅待機となった期間を活用した。「おうちトレーニング」などと連日、ツイッターに自宅や近辺でのトレーニング風景などを投稿した。

=ツイッターから

少し早送りでコミカルな動きに仕上げ、スポーツ経験者以外も楽しんで視聴できるようにした。体を動かすだけでなく目のトレーニングとして、顔近くに置いた両手の人さし指を、左右や上下に動かしながら顔を動かさずに5秒ずつ順々に見つめる動画も披露して「目の筋肉も使いましょう」と助言。

4月1日にはブログに「みんなで乗り越えれば、幸せもみんなでかみしめられる。必ず先が見えてくる」と記した。

サッカー・乾

日本サッカー協会は3月11日からユーチューブを活用。「自宅待機中のみんなへ」と題して、トップ選手がトレーニングだけでなく、手洗いやうがいを実演する動画も投稿した。18年のワールドカップ・ロシア大会で活躍した乾貴士(31)＝エイバル＝は、連日のように高度なリフティングを「宿題」として実演。室内でできるように椅子に座りながらリフティングを行っているものもあり、「サッカーはボールがあればどこでもできる」と呼びかけた。

サッカー協会に感化されたのが日本バレーボール協会。3月19日からツイッターを活用し、合宿中の日本代表の選手やスタッフがストレッチのやり方を伝えている。投稿にはサッカー協会を参考にハッシュタグ（#）で「いまスポーツにできること」を付ける。

学校スポーツなどの現場にも重苦しい雰囲気が漂う。SNSの「特別教室」が、希望の光になると願いたい。

【小林悠太】

=©SportsAssistYou

正解：部活ができない君たちへ

インタビュー④

よい見出しとは？

男澤和彦（以下、男澤）：102頁の図は、新型コロナウイルスの感染拡大のために部活動ができない子どもたちに向け、トップアスリートたちが自宅でやっている秘密のトレーニングを公開した、という記事です。普通に見出しをつけると「アスリートがマル秘トレ公開」などが考えられます。

図は、良い見出しだと思いました。普通につけるのではなく、「部活ができない君たちへ」というメッセージをメイン（の見出し）に持ってきています。これはアスリート（取材相手）が伝えたいメッセージを、その人に代わって見出しで伝える手法です。この記事の場合は、そのほうが読み手に響くのではないでしょうか。

部活ができず、自宅で悶々としている若いみなさんに、一流選手から「君たちに」メッセージがありますよ、という記事の狙いを一目で伝えられるのではないかと思いました。

——これは、「アスリートがマル秘トレ公開」というのをメインで持ってくることもありえるわけですよね。

男澤：素直な見出しは、そうなると思います。第三者の視点に立つと「アスリートが自宅での秘密のトレーニングを公開しました。外出自粛で部活ができない子どもたちに向けてです」という意味を伝えることになります。記事にも「オリンピックのメダリストやスポーツ団体が……トレーニングを公開している」とあります。ここで一歩踏み込んで、アスリートの気持ちになってみる。メッセージを伝えたい少年少女に、アスリートの言葉で伝えるなら、どんな言葉になるだろうと考えた時に、「君たち」という言葉が出てきたのだと思います。

この「君たち」という言葉は原稿に出てきません。見出しをつけた編集者が思いついたワードです。

——よい見出しをつけるにあたって、注意すべきポイントを教えてください。

男澤：最も大事なのは、原稿をよく読むことです。よく読んで、その原稿に何が書かれているのか、書き手が読者に何を伝えたいのかの核心をつかむことが大切です。「伝えたいこと」を的確に、簡潔に、そして効果的に伝えるのが見出しの役割です。見出しは長いと伝えたいことが一目で伝わりにくくなります。私たちは、極力短い文字数で「ズバリ」表現するよう心がけています。

私は先輩に「8文字と10文字の二つの見出しで伝えなさい」と言われました。それ以上の文字数になると、読者の皆様に一目で分かっていただくことが難しくなるからです。例えば1文字とか2文字でも、その原稿の核心を伝えられるならそれに越したことはないのですが、一方で、短くするほど意味が分かりにくくなるのも確かです。意味がよく伝わるギリギリまで言葉をそぎ落とすのが、見出しの難しさです。

例えば固有名詞。アメリカ合衆国のトランプ大統領の「トランプ」はそれ以上短くできません。そこで「トランプ氏」とするなど、何とか短くして伝えられないか試行錯誤します。新聞では、アメリカ合衆国を「米」の1文字で表現することがあります。一方で例えばフィンランドは短くできません。以前、シドニー五輪の水泳競技で、オランダのピーター・ファンデンホーヘンバンドさんが金メダルを獲得したときは大変困りました。

短い文字数で核心を表現するには、二つポイントがあります。一つは「キーワード」。見出しに入れるべきキーワードを見つけること。もう一つは「省略」です。言葉をギリギリまで「そぎ落とす」ことですね。

――基本的には「誰がどうした」っていう、主語述語の形で構成されることが多いのでしょうか。

男澤：そうですね。一方で、それが一番の「ニュースどころ」ではない場合もあります。「誰がどうした」が自明だったり、すでに以前に伝えたことだったりして、例えば「いつ起きるのか」が最も大事なニュースの場合があります。「衆院あす解散」のように「いつ」を大きな見出しにします。記事は「いつ」「どこで」「誰が」「何を」「なぜ」「どのように」の5W1Hで構成されています。その中でどこが一番伝えたいことなのかを見極める必要があります。

——例えば2020年の5月は、世間がコロナ一色なので、コロナ関連の記事であることは自明の場合は、コロナといちいち書かなくてもよいということですか？

男澤：そうですね。最近は「コロナが原因」という要素は省略される見出しが多くなっています。紙面のどこかにはコロナというワードが必要だとは思いますが、大きくなくていいかもしれません。今日（2020年4月27日）は「インターハイ初の中止」が毎日新聞の一面の大きな見出しでした。高校総体が新型コロナウイルスの感染拡大によって中止されたことを伝える記事です。「初」を主見出し（大きい方の見出し）に持ってきたということは、ここが「ニュースどころ」と判断したということです。脇見出し（小さい方の見出し）で「高体連『命を守る』」とあります。コロナによってという状況は自明なので、高体連の判断理由を伝えています。

――その辺の見極めはかなり重要ですよね。どの時期の記事かによって、その記されるべき内容の優先順位が変わってくるのですね。

男澤：原稿にわかりやすく書いてあるといいのですが、そうでないこともありまして。特に、出来事が起きた後、何日も続報が続くと、どこまで読者のみなさまにお伝えしていて、その日の原稿のどこが新しい部分なのかがわかりにくくなります。そのため、既報の箇所から見出しを取ってしまったりすることがあります。見出しをつける担当者は、日々の新聞をよく読んでおかないとニュースの展開に追いつかなくなります。「今日の一番のポイントはここ」ときちんとお伝えできるよう、毎日、新聞を読むことは私たちの非常に大切な仕事です。

――「部活ができない君たちへ」っていうような、ああいうグサッと感情に刺さるような見出しと、新型コロナでインターハイが中止になったっていうものとの、使い分けみたいなものっていうのはあるのでしょうか。例えばインターハイに関しても、高校生の気持ちになって、高校生の気持ちを代弁するような、感情に訴えかけるような見出しを作ることもできなくはないわけですよね。

男澤：難しい質問ですね。新聞のフォーマットと関わるかもしれません。今の紙の媒体の新聞をベースに考えますと、一面、二面、三面や経済面、外電面を私たちは「硬派」と呼んで、政治・経済や国際など比較的硬い記事で構成しています。社会面や運動面は「軟派」と呼び、事件や事故、人々の喜怒哀楽やドラマが伝わるような原稿を主体に載せています。一般的に一面は、多くのニュースから重要だと考える記事を選んで構成しています。したがって、直球勝負といいますか、「昨日、世の中で何が起きたのか」を読者に素早くお伝えする見出しが必要になると思います。一方で、硬派の記事に軟派的な見出しをつける発想が足りないのは、私のアタマが硬くなってしまっているからかもしれません。

ただし、一面に人間ドラマを伝える原稿が出てきた時には、「何がどうした」ではない見出しをつけることがあります。記事の伝えたいことの本質から外れているわけではなく、本質をつかんだうえで、その表現の仕方が違うのだと思っています。インターハイ中止を伝える記事に「夢舞台、消えた」という見出しがありえるかもしれません。ただ、それだけでは何が起きたのか即座に伝わりにくいので、「インターハイ中止」の情報が同時に伝わる見せ方が必要になるように思います。

冒頭のアスリートの自宅トレーニングの場合は、「マル秘トレ公開」も「部活ができない君たちへ」もどちらも本質で、どちらを目立たせた方が読者の心に届くかという選択かと思います。アプローチ、表現方法の違いは人によって違うと思います。同じ原稿でも人によって見出しの取り方がいろいろです。ピントが外れているという意味ではなく、表現の仕方は人によって異なるからです。特に人の喜怒哀楽を伝える社会面は、人によっておもしろいと感じたり、憤りを覚えたりする箇所や度合いが異なります。つけたその人の「味」が見出しに出て来ます。

一方で、かつて先輩に「硬派の見出しには答えがある」と言われたことがあります。「ニュースどころ」をつかんで無駄をそぎ落としていくと、一つの見出しにたどり着くという意味です。GDP速報値などの経済指標や大きな出来事を伝える日に、ぜひ新聞各紙の見出しを読み比べていただきたいと思います。

――「見出し作り」のセンスは日常生活のどのような場面で生かせますか。

男澤：思いつきですが、例えば就活のエントリーシートに自分のアピールポイントを書いたら、見出しをつけてみて、それが自分の言いたいことかどうかをチェックできるかもしれません。見出しと書いてあることとの間にギャップがあったら、本文の方を直さなければならないかもしれないですよね。見出しを考えると、採用担当の方に一番伝えたいと思って書いたところが、伝えたい内容とずれていることに気づくかもしれません。私たちも日々新聞を作る際、「ここが見出しどころだ」と感じた箇所が、原稿の始まりではなく、最後のほうに出てきていたら、出稿側に確認して原稿を変えてもらうことがあります。

先日、職場の新人研修を担当しました。原稿を読み、つけた見出しが日本語になっていないことがありました。「1回見出しをつけたら、少し離れて、もう一度見直してみてください」と言うのですが、なかなか難しいものです。没頭して考えていた自分をリセットして、別の第三者＝読者の立場で見直したら、「あれ、意味がわからない」とか「別の意味にもなってしまう」などと気づくことがあります。こうした「別の目」を持てるかどうかは、人に物事を伝える際には、とても大事なことだと思います。

やや矛盾するかもしれませんが、自分の思い込みや独りよがりに陥らないようにする一方で、記事が扱う問題に対して自分がどう考えるかの視点を持つことは大切なことです。自分の考えと、記事に書かれた考え方とをつき合わせて、より本質を突いた見出しに近づいていく。難しいことですが、そうありたいと思っています。

step2 伝える力—表現力—

言葉で表現しよう

考えたことや感じたことを相手に伝えることはコミュニケーションの基本です。相手に情報を伝えるには、話し手が一方的に話すのではなく、聞き手が正しく理解できるよう工夫することが求められます。「五感に訴えかけること」を意識して、聞き手が具体的にイメージができる言葉を選びましょう。

五感とは

①見えるもの（視覚） どんな色、形、素材か
例）青空が広がっている
まるで雪のような花びらが散っている

②聞こえるもの（聴覚） どんな音か
例）鳥のチュンチュンというさえずりが聞こえる

③香り（嗅覚） どんな香りか
例）香ばしいカレーの香り

④味（味覚） どんな味か
例）ピリッとした辛さの中にほのかな甘み

⑤肌で感じたこと（触覚） どんな感触か
例）風が温かく湿っている

■「五感に訴えかける」とはどういうことか？

五感に訴えかけると、伝え手の個性が出ます。例えば「寒い」だけではなく「ブルッと震える寒さ」のように、どのような感覚なのかを伝えます。言葉の選択によってその人の経験が表れます。また、体を使った表現をすると聞き手がイメージしやすくなり、共感を得られます。

実況に挑戦① グルメリポート

新聞記事の内容と写真から、アナウンサーが状況をイメージできるように工夫して紹介しています。六つにまとめたポイントに注意して表現方法を理解しましょう。

実際の記事

ガリステごはん 前菜一新

来月29日から田子で提供

前菜（右奥）が一新された「ガリステごはん」＝田子町で

田子町の新・ご当地グルメ「田子ガーリックステーキごはん（ガリステごはん）」の２０１９年バージョンが完成し、町中央公民館で13日、試食会が開かれた。前菜の創作ニンニク料理９品を一新し、３月29日から町内３店舗で提供される。

今年は海の魚を前菜に初めて取り入れ、八戸産サバの焼き煮浸しを加えた。町への経済効果を考え、ニンニクマヨネーズなど町産の加工品を多く使ったのも特色。メインの肉巻き寿司は変わらない。消費税アップを見越し、価格は１００円値上げの１６００円（税込み）とした。

提供店舗などで作る「田子ニンニク料理推進協議会」が開いた試食会には、山本晴美町長らが出席した。山本町長は「前菜に地域の食材のいいところを取り込んでいる」と評価。佐藤剛大・同協議会長は「田子のいろいろな食と加工品を味わえるのでぜひ食べに来てほしい」と話した。【塚本弘毅】

記事をもとに実況文を作成するにあたってのポイント（実況例文中ポイント❶～❻）は以下のとおりです。

例文

とあるご当地グルメの試食会が開かれています。

目の前に置かれているお膳にはモザイク模様のように色とりどりの料理が並んでいます。（ポイント❶）

そして、何といっても香り！ニンニクのいい香りが、辺り一面に漂っています。お膳をよく見てみますと、料理のところどころにニンニクが顔をのぞかせています。実は、このお膳、ほとんどの品にニンニクが

ポイント1
視覚的にイメージできるように「モザイク模様」というわかりやすいキーワードで、お膳を説明する。

使われています。さらに、箸置きもニンニク！ お皿もニンニクの形です！（ポイント②）

この、徹底的にニンニクを味わえる、お膳。その名も「田子ガーリックステーキごはん」略してガリステごはんといいます。ニンニクが名産の青森県田子町（たっこまち）が2016年に開発しました。（ポイント③）

日本一のニンニクといわれる「たっこにんにく」を9種類ある、すべての前菜に使用し、さらに！ 本当にびっくりです！ コーラもニンニク入り、アイスもガーリックア

ポイント②

今回のグルメは「ニンニク」が主役なので、嗅覚を刺激する表現をはじめに使用。ニンニクを印象づける。

ポイント③

お膳の説明。もともとの記事は青森の地域向けの紙面であり、地元の人たちはガリステごはんについてある程度の知識があることから、基本的な説明が省かれている。全国の人へ向けての説明では、ガリステごはんについて、「いつ」「誰が」「何を」「なぜ」「どのようにして」と

イスです。意外に思うかもしれませんが、どちらもニンニクが甘みを引き立ててくれて病みつきになる味です。（ポイント④）

そして、メインはお寿司、ガーリックステーキ寿司です。ただ、すし下駄の上に乗せられているのはシャリのみ。ステーキはその場で焼いて乗せるんです。地元名産の豚・牛・鶏をニンニク塩こしょうとともにジュージューとステーキ鍋で焼いたあと、地元のお米を使ったシャリを巻いてほおばります。田子牛はぎゅっとうまみが凝縮されていて、噛めば噛むほどじゅわじゅわっと肉

いった5W1Hの基本情報とともに、魅力を伝える。

ポイント4

どれだけニンニクを味わえるお膳かの説明。

ガリステごはんのHPから情報を収集し、自分が驚いたところ、他の人にお勧めしたいところを伝える。

ポイント5

「ガーリックステーキ寿司」はガリステごはんのメインなので、より詳しく、より味覚に訴える表現で伝える。

汁があふれてきます。ニンニクの風味もたまりません！ 甘みのあるもちもちっとしたお米とも、よく合います。（ポイント⑤）

このガリステごはん、2019年は前菜が一新され、今年初めて、海の魚、八戸産のさばが使われました。海のものも、山のものも、そして、デザートまでも！ 料理をより味わい深くしてくれるにんにく！ その無限の可能性を存分に感じられるフルコース「田子ガーリックステーキごはん」をぜひお召し上がりください！（ポイント⑥）

ポイント6

なぜ今このガリステごはんがニュースになっているのかの説明であり、締めの一言。今回は食べ物について伝えるので、多くの人に食べたいと思ってもらえるよう、「ニンニクを思う存分ユニークな味わいで楽しめ、他ではなかなか味わえないようなグルメであること」「どれだけ美味しいのかということ」を五感を交えて表現した。

実況に挑戦❷　動物園リポート

新聞記事の内容と写真から、アナウンサーが状況をイメージできるように工夫して紹介しています。七つにまとめたポイントに注意して表現方法を理解しましょう。

実際の記事

【白浜】白浜町の動物公園アドベンチャーワールドで暮らす雌のジャイアントパンダ結《ユイ》浜《ヒン》の２歳の誕生会が18日あり、名前と似顔絵の焼き印が入った木製ベンチがプレゼントされた。

結浜２歳おめでとう
寝心地は、最高
似顔絵入りベンチ、プレゼント

ベンチは高さ１㍍、幅1.4㍍、奥行き60㌢。好奇心旺盛で活発な結浜がじゃれついても壊れないように、同園の専門スタッフがスギの紀州材を使い頑丈に仕上げた。

結浜は、周囲をうかがってからベンチに上り、もたれかかって座り心地を確かめ、気に入った様子で寝転がった＝写真。

父親永《エイ》明《メイ》（26歳）と母親良《ラウ》浜《ヒン》（18歳）の間に生まれた８番目の子供。体重は誕生時の197㌘から75㌔に成長した。　【藤田宰司】

記事をもとに実技文を作成するにあたってのポイント（実況例文中ポイント❶〜❼）は以下のとおりです。

例文

動物園の人気者。その姿はまるで大きなぬいぐるみです。（ポイント❶）丸っこい、ころころとしたその体はふさふさの白と黒の毛で覆われています。タレ目に見える模様がキュートな……そう、パンダ！

パンダが木のベンチでごろーんと横になって、おなかを出しながら、気持ちよさそうにひなたぼっこをしています。（ポイント❷）

ここは和歌山県白浜町の動物公園

ポイント1

テーマを「みんなに愛されるかわいい結浜」に設定。テーマを伝えるためには、どのようなエピソードが必要かを考えて伝える。冒頭は興味を持ってもらえるよう、主題も伝えずに、考えてもらうようにした。かわいらしさを伝えるキーワードとして、ぬいぐるみというたとえを使った。

アドベンチャーワールド。今日は雌のジャイアントパンダ、結浜の2歳の誕生日イベントが行われました。（ポイント③）多くの人が訪れていて「おめでとう」という声とともにひっきりなしにカメラのシャッター音が鳴っています。（ポイント④）

結浜が寝転がっているベンチは、スタッフからの手作りのプレゼントです。結浜がじゃれついても壊れないよう、スギの紀州材で頑丈に仕上げました。似顔絵と名前の刻印入りです。（ポイント⑤）

ベンチは先ほど誕生日の歌とともに送られましたが、結浜はベンチを

ポイント2
情景がイメージできるように触覚的・視覚的な表現とともに、何について伝えているか、答えを提示した。

ポイント3
どのような場面かがわかるように説明。なぜ今この話題を伝えるのかについても表現することにより、いつもの風景ではなく、その日にしか見られなかった瞬間を切り取ったということで写真の重みが変わってくる。元の新聞記事では省略されているが、全国の人に伝わるように、地名は都道府県名から説明する。

見つけるとすぐにもたれかかって、顔を擦りつけて、とてもお気入りのようでした。（ポイント❻）

生まれたときは197グラムしかありませんでしたが、今は75キロ。家族やスタッフ、お客さん、みんなの愛情を受けてすくすくと元気に育っているようです。（ポイント❼）

ポイント4

現場の音（聴覚）を使って臨場感を伝える。不明な点は、ネットで検索するなどし、動画なども参考にする。一次情報か、もしくは一次情報に即して書かれた記事にあたることが重要。

ポイント5

ベンチのストーリーを伝える。記事から情報を拾いながらも、記事は書き言葉なので、自分の言いやすいように直す。コツは「自分で口に出してから、それを文章に起こすこと」。

ポイント6

どれほど気に入っているかを視覚から得られた情報を使って表現する。ただ「気に入っているようだ」と伝えるのではなく、どのような情景が見られたから「気に入っているようだ」と判断できたのかを具体的に伝える。

ポイント7

どれだけ大きく成長したかを記事より抜粋し、具体的に伝える。最後はまとめとして、何を伝えたかったのかなどのテーマを簡潔に。結浜の細かいエピソードを伝えることにより、ただのパンダではない「みんなに愛されている結浜」という、この写真の意味が伝わる。

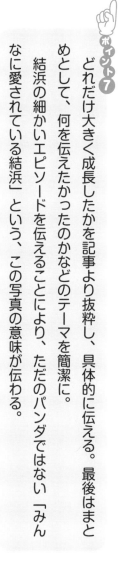

インタビュー⑤

テレビ、ラジオ、新聞それぞれの特徴

――テレビやラジオでニュースを伝えることと、文字でニュースを伝えることの違いは何でしょうか？

遠藤：私は主にラジオに関してお答えしたいと思うんですけれども、簡単にテレビのことを言うと、テレビはやはり映像が大きな力を持っているので、言葉って結局それに付け足すだけでいいのかなというところがあるんですよね。新聞記事は文字だけでお伝えするので、1から10までお伝えしなければならないんですけれども、テレビだと映像があるので、例えば「赤い屋根」というときに、「赤い」は余計ですよね。映像でわかるから。そういう余分な言葉がいらないのがテレビかなと思います。

一方、ラジオは音しかないので、当たり前ですが、音が一番重要ですよね。どういう音がとれるのかというのが一番大事で。現場の音、例えば台風中継だったら風の音とか、例えばどこかの作業場で、伝統工芸を作って

いるところだったら伝統工芸の作っている音だけでもいいので、音だけでお伝えする。もちろん音だけで伝えられるものは限られてきます。音以外のものをリスナーの方はイメージをされるので、そのイメージをいかに膨らませるような言葉を生み出せるかというところが、ラジオで重要なところだと思います。

井上：テレビの場合は映像があるのでアナウンサーやリポーター、記者などの伝え手としては表情が使えますが、新聞はそうはいかないですよね。

あとは、テレビやラジオは「放送」というくらいですので「放（はな）」って「送」り続けています。どんどん流れていく。録音・録画をして停止しない限り止めることはできませんが、新聞は立ち止まって情報に向き合うことができます。

立ち止まって受け取ることができない代わりに、テレビやラジオには同じ時間軸で全国の視聴者と「時を共にする」ことができます。

スポーツの中継など、何かうれしいことがあったとき、つらいことがあったときに、みんなで放送を聴いたり見たりすることで同じ時代を生きているという感覚をつかみやすいのがテレビやラジオだと思います。

一方であえてマイナスな言い方をすると、受け取りたくない情報も受け取らざるをえないときがあります。

その点では読者の方が立ち止まって情報を選択することができるというのが、文字でニュースを伝える新聞の特徴の一つかなと思います。

遠藤：井上さんのお話の中で思い出したんですけれども、テレビやラジオは流れていくもので、記事のようには戻ることができません。一言で言ってわかるような構成とか言葉の使い方っていうのが、原稿においてはすごく大事だなと。前はNHKの放送局にいたんですけれども、同じニュースでも、テレビ用の原稿とラジオ用の原稿を使い分けていたことを思い出しました。

井上：野球の一場面を想像するとわかりやすいです。

テレビだと「ここで4番、イトウ」と実況して、あとは映像を見せる。ラジオだと同じシーンでもリスナーがその場面をイメージできるように詳細に実況していたり。

新聞だったら観客の様子も含めてもっともっと細かく描写したりするかもしれません。

――記者トレに興味を持ってくださっている方へメッセージをお願いします。

井上：記者トレの講師をさせていただいて、改めて感じたことは、新聞には嘘がなくて記者の方たちの日々の丁寧な取材や工夫がたくさん詰まっている、ということです。

誠意や真心がぎゅっと詰まっているんですよね。

そんな素晴らしいインプットツールがほぼ毎日発行されているわけですからこれを活用しない手はないと思います。

見出しのつけ方はブログを書く時のヒントに、インタビューの仕方は人とのコミュニケーションに……と自分の生活や仕事に応用・転用できそうなところから始めてみるのもいいかもしれません。新聞記者のスキルやノウハウ、盗めるところはどんどん盗みましょう！

遠藤：地方局のアナウンサーも記者のような仕事をしているんですけども、記者のプロかと問われると、やっぱりそこはプロとは言い切れないなと思っています。ただ両者には多くの共通点があるので、その中からいろいろ想像して、記者の方々はこういうことをされているんだということを、自分の中で腑に落として記者トレの講師を務めさせていただいています。

私は中学生と大学生と社会人の方、幅広い年齢層の方を対象に講座を担当しているんですけれども、どの現場でもみなさん「楽しい」とおっしゃっています。いざ「これから作文を書きましょう」というと身構えてしまい、何を書けばいいのか、どんな文をかけばよいのかと不安に思う方も多いとは思いますが、この記者トレでは、柔らかく、そして楽しみながら、もっとやりたい、というやる気を引き出しながら講座を運営することができています。

今、マスコミを敵視するような風潮もあると思うんです。今回も講座を担当して感じたんですが、実際にマスコミの中がどうなっているのか、どういうことを考えて記者の方が原稿を書いているのか、どういうところを工夫しているか多くの方は知りません。記者トレを通じて、原稿作りのプロセスを知ることによって、内側から情報発信の仕組みを理解することはとても重要だと感じています。

あともう一つの視点としては、情報がすごくあふれている世の中で、自分で情報を取捨選択して、どれが正しい情報なのか、どれが間違っているのかなって考える力が大切だと思います。つまり情報リテラシー、メディアリテラシーが問われると思うんです。その力を身につけるうえでも、この記者トレは導入としてすごくいいんじゃないかなと。視聴者のニュースを見る力が向上すると、それに負けじと、メディアの力も向上しますよね。やっぱりメディアが成長していないと成熟した社会にはならないので。

新聞記事、ラジオのニュース原稿、テレビのニュース原稿の比較

ここでは、2019年ラグビーワールドカップ日本大会、一次リーグA組の日本対アイルランド戦を例に、三つのメディア（新聞、ラジオ、テレビ）によってニュースの伝え方がどのように異なるかを比較してみましょう。三つの原稿を並べてみることにより、それぞれのメディアの特徴が見えてきます。

新聞の場合

日本 アイルランド破る

世界2位封じ逆転

ラグビーW杯2019

▽1次リーグA組
日本19（10－0　9－12）12アイルランド
（勝ち点9）　（勝ち点6）

前評判を覆しての勝利を喜び合う姫野（中央）、福岡（同右）ら日本の選手たち。手前は肩を落とすアイルランドの選手たち＝静岡スタジアムで28日、藤井達也撮影

デジタルプラス　写真特集と動画

ラグビー・ワールドカップ（W杯）日本大会で1次リーグA組の日本（世界ランキング9位）は28日、静岡県袋井市の静岡スタジアムで第2戦に臨み、優勝候補のアイルランド(同2位)に19－12で逆転勝ちした。2連勝の勝ち点9でA組首位に立ち、初の決勝トーナメント（準々決勝）進出へ大きく前進した。序盤から粘り強い防御の光った日本は前半を9－12で折り返し、後半18分にWTB福岡堅樹(27)＝パナソニック＝のトライで逆転した。10回目の対戦で初めてアイルランドに勝利。W杯の通算成績は6勝2分け22敗となった。

日本は10月5日の第3戦でサモア（世界ランキング16位）、同13日の最終戦でスコットランド（同8位）と対戦する。全20チームが4組に分かれた1次リーグは5チームの総当たりで、各組上位2チームが同19日からの決勝トーナメントに進む。（世界ランキングは27日現在）【真下信幸】

全員が力つけた

日本・ジェイミー・ジョセフ・ヘッドコーチの話　選手を誇りに思う。長い期間をかけてこの試合について考えてきたので、良い結果を得られてうれしい。素晴らしいパフォーマンスだった。選手全員が力をつけたということ。試合に勝ててチームは強さが増した。

すべて出した

リーチ・マイケル主将の話　やってきたことをすべて出した。選手も、スタッフも全員よくやった。（勝因は）勝ちたいというメンタリティーが一番重要。意思統一できたことが大きい。30分くらい喜び、次の試合に向けて切り替えて準備したい。

もはや奇跡ではない

大一番を前に、ジェイミー・ジョセフ・ヘッドコーチ（HC）は短い言葉で思いを伝えた。

「『誰も勝つとは思っていない。誰も接戦になるとは思っていない。誰も僕らがどれだけ犠牲にしてきたか分からない。信じているのは僕たちだけ』というメッセージ。本当にその通りになった」。司令塔のスタンドオフ（SO）を担う田村優(30)＝キヤノン＝は興奮気味に振り返った。

「番狂わせ」は2大会連続だが、意味合いは全く異なる。前回の2015年大会前は2分けを挟みW杯16連敗中。海外勢はノーマークだった。優勝2回の南アフリカを破った時は、海外メディアが「奇跡」「W杯史上最大の番狂わせ」と報じたが、今回のアイルランドはほぼベストの布陣だった。本気で牙をむいた強豪を倒し、4年間で鍛え上げた地力を証明した。

15年大会後、アイルランドなど伝統や実力を備えた欧州や南半球の「ティア1」に属する全10チームと試合を重ねた。15年大会前の4年間ではティア1と5試合（2勝3敗）しかできなかったが、W杯開催地の利点を生かし、日本での試合経験を望む多くの強豪を招いて、胸を借り続けた。

成績は1勝1分け11敗だったが、数字以上の収穫があった。強豪の圧力に屈せず、格上に勝つためには試合終盤までスピードと激しさを保つ「世界一のフィットネス（持久力）」が必要だと痛感。走り勝ったアイルランド戦は、強化の道筋が正しかったことを示した。

次のサモア戦を経て、日本は前回大会で唯一黒星を喫したティア1のスコットランドと対戦する。「小さい日本がでかいものを倒すところを見せる」と繰り返してきた主将のリーチ・マイケル(30)＝東芝。有言実行で決勝トーナメントへの扉を開く。【谷口拓未】

ラジオの場合

日本、世界が驚く快挙です。
ラグビーワールドカップ日本大会、一次リーグA組の日本代表は、第2戦。世界ランキング2位のアイルランドと戦い、19対12で逆転勝利をおさめました。

(入場シーンの歓声などの音声)

会場の静岡スタジアムには4万7000人を超える観客が詰めかけました。その中を引きしまった表情で入場していく両チーム。白地に赤いライン、日の丸カラーのジャージは日本。そして、アイルランドは国のシンボルカラー緑のジャージです。

前半、日本は体格で勝るアイルランドに、

特徴1

情景が浮かぶように、空の色、人の表情、におい、音などの情報を伝える。情報は多すぎてもだめ。受け手がどの情報に注目すればよいのかがわからなくなってしまう。どの情報を伝え、どの情報を伝えないのかを考える。

圧倒されます。高さを生かしたパスやボールで、前半13分、20分と、立て続けにトライを重ねられます。

流れが変わったのは前半35分。日本が22メートルラインまで攻め込まれる中での相手ボールのスクラムです。

日本は世界トップレベルのアイルランドのスクラムを押し込み、たまらずアイルランドが反則を犯します。ここで士気の上がった日本。田村のペナルティーゴールでぴたりと追いかけ、前半を9対12で折り返します。

後半に入っても日本の勢いは衰えません。後半18分、運動量でも勝る日本に、疲労の見えるアイルランドは得意のフィジカルを生か

特徴2

情景描写が8割。情報に付加価値をつける言葉が2割位のイメージ。

特徴3

言葉ではなく音で表現できるものがあれば、音で伝えると臨場感が出る。例えば「年末に贈答用の漬物の生産が忙しい」ということを伝えるときには、漬物屋でカブを休みなく切っている音など。

せず、味方同士で接触する反則。この日本ボールのスクラムをきっかけにアイルランドを徐々に後退させ、ラックから田中、中村、ラファエレと次々と外へとパスをつなぎ、最後は、けがから復帰後初めての試合、途中出場の福岡が逆転トライ。

（実況音声）「日本、逆転！」

（歓声）

田村のコンバージョンキックも決まり、16対12とリードします。

後半24分には、自陣ゴール前まで攻め込まれるものの、ここは、この試合パワーのあるアタックが随所で光った、姫野。相手に果敢

特徴4

視覚的な情報がない分、具体例を出すと相手の理解が格段にスムーズになる。「縦15センチ、横7センチ位の大きさ」ではなく、「スマートフォンくらいの大きさ」という具合に。ただし、ニュースなど原稿の種類によっては適さない場合もある。

に突っ込み、反則を誘います。
後半31分、ダメ押しの田村のペナルティーゴールで19対12。
最後は7点差以内の負けで確実な勝ち点1を取りに行ったアイルランドが、タッチラインに蹴り出し、ノーサイド。
日本選手は互いに駆け寄り抱き合います。

（実況音声）「日本勝ちました！アイルランドを破りました！もはやこれは奇跡ではない！」

（歓声）

日本は南アフリカに勝利した２０１５年の前回大会に続く大金星です。前回は海外勢か

特徴5

文章はテレビ以上に短く、わかりやすく。一つの文に伝えたいことは一つ。言いたいことは文のはじめの方に。

らノーマークだった日本ですが、今回はほぼベストメンバーで臨んだアイルランドに大番狂わせを演じました。

ジェイミージョセフヘッドコーチの言葉です。

（音声）「選手を誇りに思う。長い期間をかけてこの試合について考えてきたのでよい結果を得られてうれしい。素晴らしいパフォーマンスだった。選手全員が力をつけたということ。試合に勝ててチームは強さが増した」

リーチマイケル主将です。

（音声）「やってきたことをすべて出した。

選手も、スタッフも全員よくやった。（勝因は）勝ちたいというメンタリティーが一番重要。意思統一できたことが大きい。30分くらい喜び、次の試合に向けて切り替えて準備したい」

前回のロシア戦に続き、勝利をおさめた日本は、10月5日の第3戦でサモアと、そして13日の1次リーグ最終戦で宿敵スコットランドと対戦します。

1次リーグは、各組5チームのうち上位2チームが決勝トーナメントに進みます。

テレビの場合

【リード】

キャスター①：日本、やりましたね。

キャスター②：この瞬間に立ち会えてもう大興奮でした。

キャスター①：ラグビーワールドカップで日本代表が優勝候補の一角アイルランドを破り歴史的勝利、初のベスト8進出へ大きく前進です。

キャスター②：再びの大金星、日本中が沸きました。

【本記VTR（Q：原稿読み始めの合図**）】**

（応援の声など現場の音を少し聞かせて……）

Q：「勝てると信じ、やってきたことを信じてきた」と日本。優勝候補の一角、アイルランドとの一戦は4年間の真価が問われる試合でした。

（プレーを見せる）

Q：前半、日本はアイルランドの攻勢を受けます。13分。

（プレーを見せる or 実況が使えれば実況）

Q：競り負けます。

このあともう一つトライを決められ9点

特徴1
映像や音を生かす。
映像からわからない情報を盛り込む。
（例）その瞬間の選手の気持ち・状況

を追う展開に。

Q：これ以上離されたくない日本。
33分、田村。

Q：前半終了間際にもおよそ40メートルのペナルティーゴールを決めて3点差。アイルランドに食らいつきます。

（実況音声）
「さあ、後半です」

Q：後半、日本はケガから復帰した福岡をピッチに。

Q：18分。素早いパス回しでゴールラインに迫ります。

Q：この試合チーム初めてのトライを福岡が

特徴2

画面上の文字で伝えられることは、原稿では省略。
（例）試合会場の場所、
○対○、時間、
○次リーグ　など）

想定されるスーパー
▼ラグビーW杯　日本
歴史的勝利
▼世界ランキング
9位 日本　対
2位 アイルランド
（静岡）
▼試合結果
日本19―

決め逆転。その後も日本は追加点をあげ
アイルランドの反撃を封じます。

アイルランド12　など

（実況音声）
「もう奇跡とは言わせない」

（会場歓喜の様子　現場の音　観客の声）
田村選手インタビュー
「すべてがゲームプランどおりだった」
福岡選手インタビュー
「これまで本当にきつい思いをして準備してきて　本当にうれしい」

（静岡・歓喜する観客　現場の音　喜びの声）
観客インタビュー①

「大きい相手にモールやスクラムで負けてないのですごい」

観客インタビュー②

「子供たちも大興奮。ベスト8に行って歴史を変えてほしい」

Q：歴史的勝利に日本中が沸きました。

（東京・有楽町・大型ビジョン）

大型ビジョンの観客の声①

「福岡選手のトライの瞬間、鳥肌が立ちました」

大型ビジョンの観客の声②

「日本の戦いにエネルギーをもらえた」

特徴3

ＯＡ尺によって伝え方が変わる（逆ピラミッドの上から）。

特徴4

「何を伝えるか」で構成が変わる。

（試合結果？　観客の熱狂ぶり？　全国の喜びの声？　プレー詳報？）

（神戸　PV）

神戸パブリックビューイングでの声

「奇跡的な勝利の瞬間にここにいられてうれしい」

Q：日本は次のサモア戦を経て、前回大会で唯一黒星を喫したスコットランドと対戦します。

リーチマイケル主将インタビュー

「やってきたことをすべて出した。選手もスタッフも全員よくやった。30分くらい喜び、切り替えて、次の試合に向けて準備したい」

特徴5

放送されるのが試合終了直後なのか、試合翌日の朝なのか、試合翌日の夕方なのかなど、放送のタイミングによって伝え方は変わる。

step3 事実を伝える

必要な情報を見つけよう

インターネットの普及により、誰でも知りたい情報を簡単に手に入れることができるようになりました。しかし、「フェイクニュース」と呼ばれるウソや不要な情報も氾濫しています。これからの時代は、より一層、世の中にあふれる情報の中から本当に必要なものを見極める力が求められます。

新聞には、毎日たくさんの情報が掲載されています。新聞記者には、政府や公的機関、企業などが発表する情報を単に鵜呑みにすることなく、地道な取材を通して、これまで問題とされなかった事実を発見し、報道する取材力が求められます。取材では不明な点を明らかにし、多くの情報を得たうえで、その中から必要な情報を選別して記事にします。集めた情報をすべて書けばいいというわけではなく、限られた字数の中に収まるよう、情報の優先順位を見極めることが大切です。

警察が発表する広報文から不足している情報を見つけよう

事件や事故が発生すると、警察はマスコミに広報文を発表します。記者は、不足している情報を取材して事実を詳しく伝えます。そのためには、客観的な視点を持つことが必要です。

この報道連絡は架空です

番号	20201015-2

報　道　連　絡

10月15日
竹の塚警察署

件名	雑居ビルの死亡火災について
認知日時	10月15日午前5時27分
発生場所	東京都足立区竹の塚3番地2の1 6階建て雑居ビル 「鈴木サウスビル」6階　601号室
消失程度	鉄筋6階建てビルの6階601号室約100平方メートルをほぼ全焼
事案の概要	1. 同ビルの居住者が、煙を発見し、119番通報したもの
	2. 現場から二人が倒れているのを駆けつけた消防隊員が発見
	3. 一人は、住人の鈴木明子さん(72)。同区内の病院に搬送途中は明子さんは意識があったが、病院で死亡を確認
	4. もう一人は男性で、明子さんの夫の章雄さん（76)。意識不明の重体。寝たきりだったという情報がある
	5. 鎮火時間　午前6時38分
	6. 明子さんの死因、出火原因については捜査中

■5W1Hが大原則

原稿作りにあたり、報道連絡で不足している情報を追加取材で確認する。

・事件事故の取材は、5W1H（いつ、どこで、誰が、何を、なぜ、どうした（どうなったか））が大原則。現場を映像で再現するようにイメージ化し、報道連絡で足りないところを取材で補足する。

・記事を書くときも同様に、5W1Hを考慮し順番に不足なく書き込む。

5W1Hとは

①いつ？
例）15日午前5時半ごろ（分は15分単位で表現）

②どこで？
例）足立区竹の塚3（細かい番地は省略）の雑居ビル6階

③誰が？
例）住人の鈴木明子さん（72）と、夫とみられる章雄さん（76）

④何を？
例）火事

⑤なぜ？
例）死亡原因、出火原因は不明

⑥どうした？
例）601号室を全焼、明子さんは病院で死亡を確認、章雄さんも意識不明の重体

■火災現場の疑問

・報道連絡だけでは、原稿は完成しない。足りない情報は追加取材をしなければならない。何が足りないのか（自分が現場に最初に駆けつけた消防隊員になったつもりで）。

報道連絡

疑問1　誰が二人を発見したのか？

疑問2　二人はどのような状況で倒れていたのか？

疑問3　二人のけがの状況は。火傷を負っているのか、煙を吸ったのか？

疑問4　二人は二人暮らしだったのか？　他に家族はいなかったのか？

疑問5　章雄さんはいつから寝たきりだったのか？

疑問6　二人はたばこを吸うのか？

疑問7　どこが一番激しく燃えているのか？

疑問8　周りに住民にけがはなかったのか？

疑問9　雑居ビルの入居はどのような構成になっているのか？

疑問10　雑居ビルはどんな場所にあるのか。にぎやかな駅前か閑静な住宅街か？

疑問11　章雄さんのその後の容態は？

疑問12　失火なのか。放火など事件性はないのか？

事件事故取材は「殺し3年火事8年」と言われます。殺人事件は3年の経験を積めばどうにか一人前の記事が書けるようになるものの、火事は毎回状況が変化し何が隠されているかがわからないため、それなりの記事が書けるまでには8年もかかるという意味です。

最近の火災記事は、大きな被害がなければあまり大きく取り扱われることは少なくなりましたが、今回の例のようなシンプルな報道連絡の中であっても、先に挙げたように多くの不明な点や疑問点が残されています。

さらに、例えば、以下の副署長（広報担当）とのやりとりで、当時不在だった長男と連絡がついていないということが判明したとします。何らかの事件性を疑わせるものですが、現段階で、まだ何の根拠もないので、「長男は当時不在だった」としか書けません。あらゆる可能性を考えながら、取材を進めますが、記事に書けるのはそのごく一部です。

警察も消防も捜査中なので、はっきりしたことは言えません。その場合、記者は野次馬や近所の人たちから情報を得て、補足しなければなりません。疑問をできるだけクリアにするのが、記者の鉄則です。

これは日常の勉強や仕事でも同じです。自分でも納得せず、あいまいさを残したままレポートを先生や上司に提出したら、必ず突き返されるでしょう。日常から想像力を鍛え、不足のないレポートをまとめる訓練をしておきましょう。

■副署長への取材

記者：明子さんの生年月日を教えてください（新聞の掲載日で年齢が変わる可能性があるため）。

副署長：1948年10月14日。

記者：それじゃあ、昨日が誕生日だったんですね。

副署長：そうですね。

記者：明子さんと章雄さんの二人暮らしだったのですか？

副署長：息子と三人ぐらいだったようだ。出火時は不在。

記者：息子の名前、年齢、職業は？

副署長：名前は言えないが、長男42歳、職業不明。

記者：息子とは連絡がついているですか？
副署長：現段階ではついていない。
記者：雑居ビルの構成は？
副署長：1階がコンビニ、2階がオフィス、3階以上が住居スペース。
記者：住居は何世帯ですか？
副署長：鈴木さん家族を含む12世帯。
記者：ビルが鈴木ビルになっていますが、ビルのオーナーですか？
副署長：オーナーだね。経営者は明子さん。
記者：火災現場はどんな所ですか？
副署長：そんなことは自分で調べてほしい。

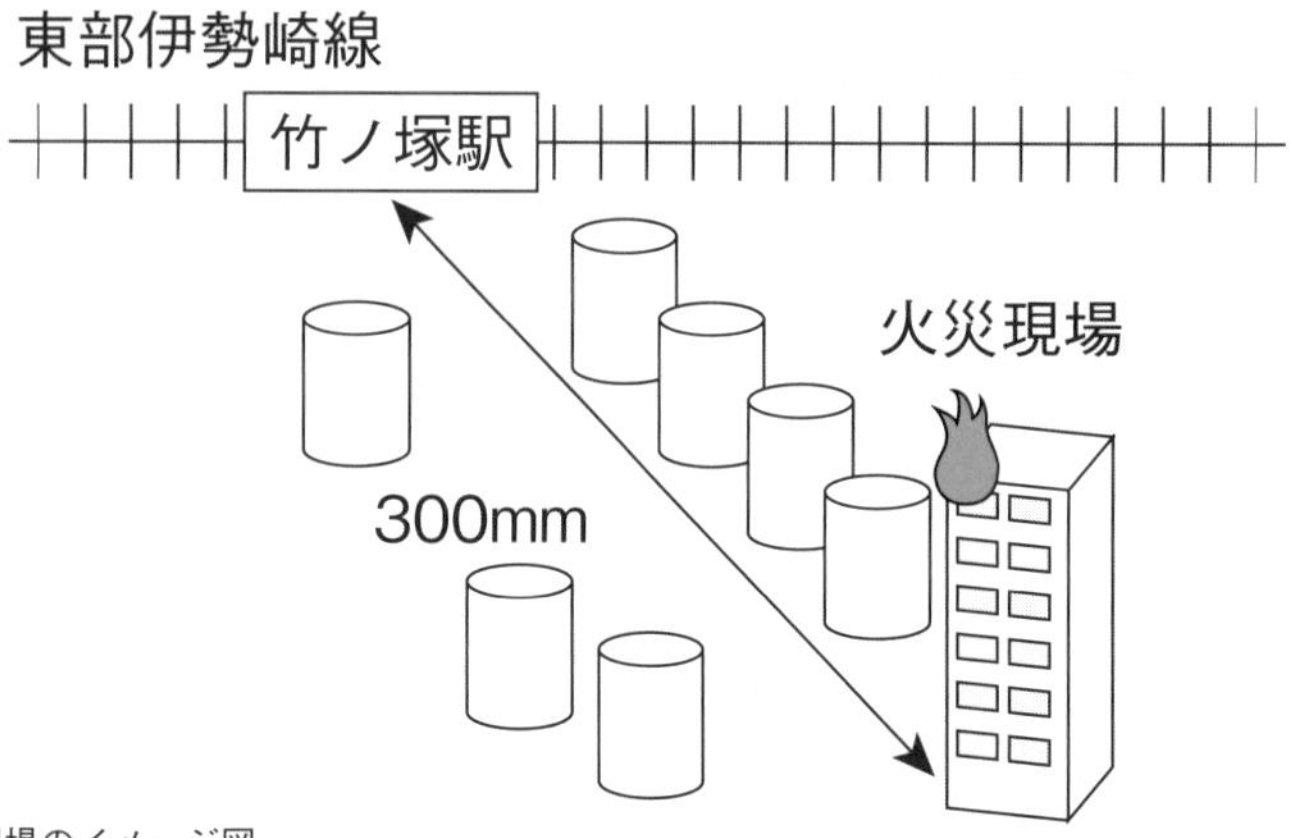

現場のイメージ図

記者：（あー時間ないのに…）とスマートフォンの地図アプリを出して、「現場は、東武伊勢先線竹の塚駅南東約３００メートルの飲食店が並ぶにぎやかなところ、だな」原稿を急いでパソコンで打ち込んで送ると、すぐに本社東京支局デスクから電話。

デスク：字が違うだろう！　ちゃんと調べろ！　時間がないのでこっちで直しておく。

記者：えー、どこが違うんだろう……（入社半年目。支局の新米事件記者の苦闘は続く）。

火災原稿を書いてみよう

それでは、前出の架空の報道連絡から、原稿を書いてみましょう。ゼロから書き起こすのは大変でしょうから、左記のように穴埋め方式にしました。報道連絡だけでは埋められない部分は、副署長と記者との取材のやりとりを参考にして空白部分を埋めてください。

全部埋めたら、解答とつき合わせて確認してください。どうですか？ 合っていましたか？ 新聞原稿には厳然とした締め切りがあります。その時間を過ぎたら、いくら素晴らしい原稿を書いても新聞には載りませんから、その原稿は書かなかったのと同じになります。新聞原稿には「早く正確に」が求められます。ただ、最近は新聞社もネットニュースにも力を入れており、新聞の締め切りとは関係なく、

①まず、前文を送る（ネットニュースに速報で流す）。
②本文を送る（新聞、ネットが同時進行）。

③新聞締め切り後に追加原稿を送る（ネット用）。

と、締め切りに関係なく原稿を送るシステムになりつつあります。

問題文

　日午前　時半ごろ、　区　　3の　階建て雑居ビル「　　ビル」から　、住居がある　階「　　号室」約　平方《メートル》が　た。　署によると、室内でこの部屋に住む鈴木明子さん（　）と夫の章雄さん（　）が倒れているのを、　　が発見した。2人は同区内の　　にされたが、明子さんはまもなく死亡が確認された。章雄さんも　　の重体。夫妻は　（　）と　人暮らし。出火　、　　は外出していて　だった。同署は明子さんの　　や　原因を調べている。

同ビルは、　さんがオーナー。　階にコンビニエンスストア、　階が　が入り、　階以上は　　になっている。現場は　　線　　駅　《メートル》の　華街。　　執筆者名【　　】

解答文

15日午前5時半ごろ、足立区竹の塚3の6階建て雑居ビル「鈴木サウスビル」から出火、住居がある6階「601号室」約100平方メートルが燃えた[※1]。竹の塚署によると、室内でこの部屋に住む鈴木明子さん（72）と夫の章雄さん（76）が倒れているのを、消防隊員が発見した。二人は同区内の病院に搬送されたが、明子さんはまもなく死亡が確認された。章雄さんも意識不明の重体。夫妻は長男（42）と三人暮らし。出火当時、長男は外出していて不在[※2]だった。同署は明子さんの死因や出火原因を調べている。

同ビルは、明子さんがオーナー。1階にコンビニエンスストア、2階がオフィスが入り、3階以上は住居[※3]になっている。現場は東武伊勢崎線竹ノ塚駅南東約300メートルの繁華街。

【毎日隼人】

※1「燃えた」は「焼けた」も可、※2「不在」は「留守」も可、※3「住居」は「住宅」も可

経済記事に挑戦しよう！

企業リリースも5W1Hで成り立っています。キーワードとなる文章を見つけて経済記事を完成させましょう。

例えば、158頁・159頁の図のような「カスティリーニャソースMEGAパスタ」の企業リリースをもとに、あなたはどのような記事を作成するでしょうか。考えてみてください。

企業リリース❶

業界初！定番商品の約４倍の容量のカップパスタ
『本場イタリアの味！カスティリーニャソースＭＥＧＡ
パスタ９種類を新発売』

カスティリーニャ食品株式会社（本社：東京都）は新商品『カスティリーニャソースＭＥＧＡパスタ』（税別３８５円）を３月１日から全国のスーパー、ドラッグストアで順次発売します。

人気のナポリタンに加え９種類の味のラインアップ。現在、弊社において年間１０万食販売する人気主商品「カスティリーニャソースパスタ・ナポリタン」（税別１７０円）が容量１２０㌘に対して、今回発売する新商品は４４０㌘とカップパスタとしては、「約４倍」の容量なっており、業界初の MEGA サイズです。調理時間は、約４分です。

テーマは「家族や仲間と一緒に楽しい食事時間を作るカップパスタ」として若い世代は仲間同士で、また家族で分け合って食べて頂ける、新スタイルの商品として年間２０万食の販売を目指します。

こだわりの味を９種類用意しているので、それぞれ違う味を選んでシェアすれば、たくさんの味を楽しめるだけでなく、親密なコミュニケーションも生まれることでしょう。

《商品ラインナップ》
1.　商品名　：「本場のイタリアの味！カスティリーニャソース MEGA パスタ」
2.　価格　：各 385 円（税別）
3.　発売日　：（関東）2020 年 3 月 1 日、（関東以外）　4 月 1 日
4.　内容量　：440g
5.　調理時間：約４分
6.　種　類　：全９種類
① アラビアータ
② ペスカトーレ
③ ボンゴレ・ロッソ
④ ペペロンチーノ
⑤ ボンゴレ・ビアンコ
⑥ アッラ・カルボナーラ
⑦ 醤油風パスタ
⑧ たらこパスタ
⑨ ナポリタン
7．アレルゲン、成分情報：弊社ホームページに記載してあります

（本件に関するお問い合わせ）
〒１００－１２３４
東京都千代田区一ツ橋１－１－１
カスティリーニャ食品株式会社
広報部　（直）03-3212-0320 担当　内山、西村
E-mail：koho@castillinya.co.jp

企業リリース❷

添付写真資料

★★★ カスティリーニャ ★★★カップパスタ

カスティリーニャ
本場イタリアの味！
業界初 MEGAパスタ
全9種類

アラビアータ、ペスカトーレ、ボンゴレロッソ
ペペロンチーノ、ホンゴレ・ビアンコ、
アッラ・カルボナーラ、
醤油風パスタ、たらこパスタ、ナポリタン

メーカー希望小売価格：385円（税別）
内容量：440グラム
発売日：関東 2020年3月1日
関東以外 4月1日

解答文

カスティリーニャ食品（本社・東京都千代田区）は、３月１日から、新商品「カスティリーニャソースＭＥＧＡパスタ」（税別３８５円、内容量４４０グラム）９種類を、全国のスーパーなどで順次発売する。家族や仲間と分け合って食べる新会食スタイルを提案している。４００グラムを超えるビッグカップ麺は、同社によると業界初。

「ＭＥＧＡパスタ」は、年間１０万食を販売する同社の人気商品「パスタ・ナポリタン」（税別１７０円、内容量１２０グラム）に比べて、約４倍の４４０グラムのボリューム。ラインナップは、定番のナポリタンに加え、ペペロンチノーなどイタリアン風味から醤油風、たらこの和風味まで全９種類を揃えた。

新商品のテーマは「家族や仲間と一緒に楽しい食事時間を作るカップパスタ」。同社は定番ナポリタンの２倍の年間20万食の売り上げを見込んでいる。

１日から関東の主要スーパー、ドラッグストアで販売を開始。関東以外は４月１日から販路を全国に広げる予定だ。

詳しいラインナップや成分情報は、同社ホームページで紹介している。

参考

企業がリリースを作成するためのポイント

企業リリースのキーワード

記者はこのような言葉に「弱い」

「新しい」「〇〇初」「日本一」	新奇性　先進性
「思わぬ」「珍しい」	意外性　斬新性
「独自の」「ユニークな」 「〇〇ならではの」	独創性
「秘められた誕生ストーリー」	人間性　ドラマ
「今ブームの・・・」 「〇〇の調査によると」	社会動向　時代性
「業界トップの・・・」 「〇〇も絶賛」「〇〇を受賞」	著名性　権威性

2

企業リリースの注意

今回の新商品リリースは、先ほど示した、①前文、②本文（５Ｗ１Ｈ）、③補足、④写真等データ添付、⑤連絡先等が不足なく書かれている（用意されている）ので、記者の方も書きやすい。いい、リリースの例と言える。

このリリースでは、アレルゲン、成分情報はリリースに書き込まれていない。同社HPに記載してある。

例えば、塩分量が１カップ１６㌘だとすると（厚生労働省が2014年3月に発表した「日本人の食事摂取基準（2015年版）策定検討会」の報告書によれば、18歳以上の男性は1日当たり8.0グラム未満、18歳以上の女性は1日当たり7.0グラム未満という目標量が定められている）、１人ですべて食べた場合、男性の大人だと１カップで優に１日の塩分摂取基準量が２倍を超えてしまう。HPで確認した記者から「塩分量が多すぎないか」との問い合わせがあるかもしれない。その場合、広報担当者は「新商品のMEGAパスタは、１人で食べることを想定していません。４人で食べれば一人当たり塩分摂取量は４㌘なので、弊社の通常カップナポリタンより１㌘少なくなります」と答えれば、記者も納得するだろう。

マイナス情報は隠すのではなく、積極的にリリースに掲載する必要もない。ただし、問い合わせがあれば、スムーズに答えられるよう想定問答集を作っておくことをお勧めする。

8

step4 インタビュー記事を書く

インタビューをしてみよう

　コミュニケーションは人の話に耳を傾けること（傾聴）から始まります。相手に対する興味を持つことで対話は自然と展開してゆきますが、その際には相手に気持ちよく話してもらうことが大切です。インタビューでその人の魅力を引き出すことができれば、紹介記事も魅力ある内容になります。

　記者トレでは、ペアで相互にインタビューを行い、互いのインタビュー記事を書くペアインタビューが課題として設定されています。

ペアインタビューの手順

①「私のキーワード」を埋める。

②ペア相手と「私のキーワード」を交換する。

③相手のキーワードをもとにインタビューしたいこと（質問）を10個考える。

④インタビューを実施する（一人20分間）。

⑤20分たったらインタビュアーを交替する。

インタビュー記事に挑戦しよう！

■インタビューをするときのポイント

インタビューをするにあたってのポイントは以下のとおりです。その他、第1部の2．で述べた**取材時の心構え**もあわせて参考にしてください。

ポイント1 事前にその人の情報を入手しておく。

ポイント2 何がニュースになるのかを見極めておく。

ポイント3 現在の感想と今後の抱負を聞く。

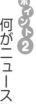

■インタビュー記事を書くときのポイント

インタビューを終えたら、以下のポイントを押さえつつ記事を書いてみましょう。**第1部の3．原稿執筆時の心構え**もあわせてご確認ください。

ポイント1
原稿で何を伝えたいのかという目的と、何のために書くのかを明確にして一般化する。

ポイント2
その人のニュース性を伝える。

ポイント3
伝えたい内容から最初に「見出し」を決める。見出しを決めると全体の中の「見出しどころ」が明確になり、一番伝えたいことがはっきりする。。

ポイント4
前文（冒頭の文）で、5W1H（Who（だれが）、When（いつ）、Where（ど

こで）、What（なにを）、Why（なぜ）、How（どのように））を押さえる。

ポイント5 前文の次に、全体のまとめを書く。始まりと終わりの整合性に注意する。つまりは始めと終わりは呼応している。

文章の最後はインタビューした対象者の言葉で締める。

ポイント6 最後に真ん中のパーツをまとめる。

必要な情報を与えられた文字数で書く。

人物を紹介するためには、どんな人なのを紹介する。

インタビュー記事の分析①

ここで、実際に紙面に掲載されたインタビュー記事「ひと」をもとに、インタビュー記事の構成の仕方やポイントを分析してみましょう。

ひと

世界移植者スポーツ大会を支える移植外科医

丸《まる》井《い》 祐《ゆう》二《じ》さん(50)

パーツ❶

2年に1度開かれる「世界移植者スポーツ大会」。臓器移植を受けた人が水泳や陸上競技などで覇を競い、ドナーへの感謝を表現する大会だ。2007年から日本代表のチームドクターを務める。「患者さんが回復し、普通の人同様スポーツを楽しむ姿が何よりうれしい」

パーツ❷

移植者は免疫抑制剤の服用が生涯続くため、感染症にかかるリスクが高い。「水道水や食事は問題ないか、夜は眠れるか…。時差もあり、抑制剤を飲む時間の指導も難しい」。大会中に体調を崩した選手を現地の医療機関に連れて行ったこともあり、滞在中は一切気を抜けない。

15年から代表チームマネジャーも兼務し、ある選手は「丸井先生は添乗員兼マネジャー兼通訳兼医者」と話す。会場で声をからす応援団長でもある。そんな姿が共感を呼び、昨年世界移植者スポーツ大会連盟の理事選挙で当選した。4年の任期中、大会の準備や運営、何より臓器移植の意義や重要性を伝える大会の普及に心を砕く。

専門は主に腎移植で、患者とドナーの関係は術後こそ肝心と考えている。「手術後はずっと元気でいてほしいから、移植者とドナーの体に責任を負う。家族に近い存在でありたい」と語る。

パーツ❸

改正臓器移植法の施行から今年で10年。脳死者からの臓器提供は66件（18年）と施行前年の09年（7件）から大幅に増えたが、今も約1万4000人が移植を待つ。「臓器移植を理解してもらうためにも、世界大会の日本招致に力を入れたい」。移植外科医としての使命感がにじむ。

聖マリアンナ医大の病院教授。愛知県生まれ、名古屋大医学部卒。趣味は射撃で、「集中力が仕事に生きます」。

文と写真・倉岡一樹

2020・4・22

パーツ❶が現在
パーツ❷が具体的な情報
パーツ❸で将来
を紹介している。

「世界移植者スポーツ大会を支える移植外科医」

丸《まる》井《い》祐《ゆう》二《じ》さん（50）

現在 パーツ1

2年に1度開かれる「世界移植者スポーツ大会」。臓器移植を受けた人が水泳や陸上競技などで覇を競い、ドナーへの感謝を表現する大会だ。2007年から日本代表のチームドクターを務める。「患者さんが回復し、普通の人同様スポーツを楽しむ姿が何よりうれしい」

具体的な情報 パーツ2

移植者は免疫抑制剤の服用が生涯続くため、感染症にかかるリスクが高い。「水道水や食事は問題ないか、夜は眠れるか……。時差もあり、抑制剤を飲む時間の指導も難しい」。大会中に体調を崩した選手を現地の医療機関に連れて行ったこともあり、滞在中は一切気を抜けない。

見出し

5W1H

長年にわたって支えてきたことを伝える。

チームドクターという役割を示す。

移植者の特性を伝える。

見出しの「支える」の意味について具体的に説明している。

15年から代表チームマネジャーも兼務し、ある選手は「丸井先生は添乗員兼マネジャー兼通訳兼医者」と話す。会場で声をからす応援団長でもある。そんな姿が共感を呼び、昨年世界移植者スポーツ大会連盟の理事選挙で当選した。4年の任期中、大会の準備や運営、何より臓器移植の意義や重要性を伝える大会の普及に心を砕く。

専門は主に腎移植で、患者との関係は術後こそ肝心と考えている。「手術後はずっと元気でいてほしいから、移植者とドナーの体に責任を負う。家族に近い存在でありたい」と語る。

将来 パーツ3

改正臓器移植法の施行から今年で10年。脳死者からの臓器提供は66件（18年）と施行前年の09年（7件）から大幅に増えたが、今も約1万4000人が移植を待つ。「臓器移植を理解してもらうためにも、世界大会の日本招致に力

丸井さんがどんな人なのかを紹介している。

医者としての姿勢と思いを紹介している。

対象者（丸井さん）の言葉、今後の取り組みの展望など。

を入れたい」。移植外科医としての使命感がにじむ。

〈文と写真・倉岡一樹〉

インタビュー記事の分析②

次に紹介する記事は、パーツを3分割している点では共通しますが、①に比べると構造が若干複雑なつくりとなっています。

ひと

ハンセン病療養所の写真集を刊行

石井《いしい》 正則《まさのり》さん(47)

神奈川県出身。お笑いコンビ「アリtoキリギリス」でデビュー。ドラマ「古畑任三郎」などで俳優として活躍。

パーツ❶

国内13カ所の国立ハンセン病療養所の風景と元患者らの詩を収めた写真集「13 サーティーン ハンセン病療養所からの言葉」(トランスビュー)を3月末に刊行した。写真が趣味でアナログ大判カメラを愛用する。約8年前に偶然、療養所のドキュメンタリー番組を見た。ハンセン病についてほとんど知らなかったが「自分の中に生まれた小さい種を大切に育てなければいけない気がした」という。

パーツ❷

2016年7月、初めて東京都東村山市の「多磨全生園」を訪れた。以来、仕事の合間にカメラと三脚を担ぎ全国の療養所を巡った。毎回、園内の納骨堂に花を供え、併設の資料館を見て回った。「その場所にある記憶をフィルムに焼き付けるような感覚だった」

人けのない園内道路や満開の桜の風景の合間に、かつて死亡患者を解剖した解剖台(香川県・大島青松園)や懲罰のために患者を監禁した重監房跡地(群馬県・栗生楽泉園)など、患者への苛烈な人権侵害と差別の歴史を物語る写真が挟まれる。

パーツ❸

写真や詩に説明文はない。代わりに、国立ハンセン病資料館の木村哲也学芸員によって、日本の誤った強制隔離政策や療養所の歴史が、巻末に詳細につづられている。「最初から全部説明して分かった気になるより、分からない、知りたいという思いを深めてほしいと思った。当事者の言葉から、命の力強さに触れてほしい」。「感染」や「隔離」という言葉が日常に聞こえるようになった今、多くの人の手に届いてほしいと願う。

文と写真・塩田彩

2020・4・29

パーツ❶が現在

パーツ❷が具体的な情報

パーツ❸で将来

を紹介している。

「ハンセン病療養所の写真集を刊行」

石《いし》井《い》正《まさ》則《のり》さん（47）

パーツ1 現在

国内13カ所の国立ハンセン病療養所の風景と元患者らの詩を収めた**写真集**「13 サーティーン ハンセン病療養所からの言葉」（トランスビュー）を3月末に**刊行**した。約8年前写真が**趣味でアナログ大判カメラを愛用**する。約8年前に偶然、療養所のドキュメンタリー番組を見た。ハンセン病についてほとんど知らなかったが「**自分の中に生まれた小さい種を大切に育てなければいけない気がした**」という。

見出し

写真集を刊行したことを伝える。

5W1H

「アナログ大判カメラ」という特殊な機材を紹介する（カメラの写った写真が理解に役立っている）。

動機を明確に伝える。

具体的な情報 パーツ2

2016年7月、初めて東京都東村山市の「多磨全生園」を訪れた。以来、仕事の合間にカメラと三脚を担ぎ全国の療養所を巡った。毎回、園内の納骨堂に花を供え、併設の資料館を見て回った。「その場所にある記憶をフィルムに焼き付けるような感覚だった」

人けのない園内道路や満開の桜の風景の合間に、かつて死亡患者を解剖した解剖台（香川県・大島青松園）や懲罰のために患者を監禁した重監房跡地（群馬県・栗生楽泉園）など、患者への苛烈な人権侵害と差別の歴史を物語る写真が挟まれる。

施設の意味を解説している。

国立ハンセン病療養所がどんな場所かを物語る具体的な施設を紹介している。

どのような気持ちで取り組んでいたかを伝える。

どんなふうに全国を巡ったのかを説明している。

将来 パーツ3

写真や詩に説明文はない。代わりに、国立ハンセン病資料館の木村哲也学芸員によって、日本の誤った強制隔離政策や療養所の歴史が、巻末に詳細につづられている。「最初から全部説明して分かった気になるより、分からない、知りたいという思いを深めてほしいと思った。当事者の言葉から、命の力強さに触れてほしい」。「感染」や「隔離」という言葉が日常に聞こえるようになった今、多くの人の手に届いてほしいと願う。

〈文と写真・塩田彩〉

本の構成を説明している。

風化しないようにしたいという思いを語っている。

「私のキーワード」を考えてみよう

ペアインタビューの前には、事前準備として次頁で示したような「私のキーワード」を埋める作業を行います。このシートを見てみると、相手の基本情報だけでなく、相手が何に興味を持っているのか、何が苦手なのかが一目瞭然となります。インタビューを行う前にペア同士でシートを交換し、そこに記された情報を踏まえてインタビューに臨むことで、様々な角度から相手の情報を引き出すことも可能になります。

うお座	女子中高	福岡女学院
ミュージカル鑑賞	ピアノ	涙もろい
数学	手術シーン	血
バレー	歯医者	酔っ払い
球技	病院	タバコ
優柔不断	新宿	レバー
毒舌	早起き	ヒステリー
激辛	魔女	幽霊
バナナ	雨	にわとり
横着	猫	ゴキブリ

嫌いなもの →

「私のキーワード」（アナウンサー林 愛実の場合）　基本情報

福岡出身	O型	長女	31歳	1988年	3月12日	154センチ
楽観的	人見知り無し	ミュージカル部	アナウンサー	山形	愛媛	静岡
劇団四季	横浜	キャッツ	紅茶	焼き肉	生しらす	虫歯
寄せ鍋	千葉雄大	ピンク	ヨガ	マラソン	ディズニー	水泳
みなとみらい	大桟橋	アロマ	ラベンダー	富士山	アリエル	給食
司会業	ぬいぐるみ	旅行	タイ	ピザ	読書	八方美人
中目黒	温泉	パクチー	ショッピング	ライオンキング	夜景	悪口
ウィキッド	ラフマニノフ	ショパン	アウトレット	パリのアメリカ人	チーズ	台風
ドビュッシー	アラベスク	家族	薬膳鍋	ジム	晴れ	歌舞伎町
北川景子	ひめゆり	友人	水炊き	散歩	結婚式	絶叫系

← 好きなもの →←

学生のインタビュー記事の紹介

　ここでは記者トレを受講した東京理科大学の学生の作品（インタビュー記事）を紹介したいと思います。学生は初対面同士でペアになり、「私のキーワード」を参考にして事前に質問事項を用意し、インタビューに臨みました。インタビューの時間は20分。追加取材はNGというルールのもとで書かれた記事を二つ紹介したいと思います。記事はプロの記者によって添削され、記者の手によって新たに書き直されました。以下では、

1. 学生が書いた文章（記者による添削コメントを併記）
2. 記者が書き直した文章

の順で紹介します。

　学生が書いた記事はプロの記者によってどのように生まれ変わるのでしょうか。具体的に見ていくことにしましょう。

学生が書いた文章①

理科の授業を通して楽しさを伝えたい

沼《ぬま》　希《のぞ》美《み》さん（20）

小・中学校の頃、理科の実験は楽しみにしていた人は多かったのではないだろうか。

しかし、中学校の理科は学びも深まっていく中で「なぜこうなるのか？」と考え、楽しみにくくなる。「中学校の理科の授業が実験を沢山やってくれる先生だったので、自分も先生になったらそういう授業の組み立て方をしたい」。理科の授業が楽しみにくくなる時期に会った中学校の理科の先生について「やる実験は教科書に載っているもの。だが、生徒の心を掴む導入の部

添削1

まず1行目書き出しの「小中学校の頃」。小中学校だった人は存在しない。「小中学校に通っていた頃」「小中学生の頃」ならわかる。

添削2

厳しく言うなら、文章構成に無理がある。特に9行目までの前半部分。聞いた言葉をたくさん書きたい気持ちは分かるが、読み手がついていけない。3行目の前半までの「……楽しみにくくなる」までと、「中学校の理科の……」以降がすんなりつなが

分である1年生の一番最初の授業でお金は磁石にくっつくかという実験をしてくれた。これは教科書に乗っ取った実験ではなかったが、科学に入っていく一歩としては楽しかった」と語る。その先生との出会いから、あこがれを抱き、教員を目指すようになったという。実際、大学で所属しているサークルでは小・中学生に理科や算数の楽しさを伝えるイベントや実験教室を行う一方、現職の教員と理科の教育イベントを行うスタッフとしても活動しており、「授業で使える実験の小ネタの展示をみんなで見たり、意見交換をしたり、現職の先生が理科の授業で気をつけていることの実際を聞ける場で勉強になり、この活動を通して

らないからだ。楽しみにくくなる中学理科の授業を、興味を持って学べるように先生が誘ってくれたから楽しみやすくなったことをまず伝え、いったん区切ればよい。

添削3

そのきっかけになったのは、教科書に沿ってはいない実験を授業の最初にしてくれたこと。このことが科学の勉強に一生懸命になる一歩になったこと。すてきな授業をしてくれる先生へのあこがれ

人脈も知見も広がった」と話す。「実験室で行うものであっても、現象としては身近なものに落とし込めるものが多い。そこにコネクションしてあげれば、生徒の理解も深まる気がする」。子どもの頑張る姿が好きな彼女はにこやかにそう話した。

文・松本高征

が教員を目指すことにつながったこと。こうしたエピソードをしっかり聞けていたのはよい。具体的な話をつなげていくことで、読み手は共感しやすくなっていく。

添削4

19行目途中から、大学での活動の話になる。読み手のことを考えて、ここは改行をして段落を分けたい。

添削5

カギかっこの中の文章が長いのが気になる。地の文とうまく組み合わせて書けば、より読みやすくなる。

記者が書き直した文章①

授業を通じて楽しさを伝えたい

沼《ぬま》 希美《のぞみ》さん（20）

小学生のころは、理科の実験を楽しみにしていた人は多いのではないか。だが、中学の理科は学びが深まる中、だんだん難しさが増し、楽しみにくくなる。沼さんはつまずくかもしれない中学時代にすてきな先生に出会った。授業で面白い実験をたくさんしてくれたのだ。

思い出深いのは、1年の最初の授業。こんな実験だった。「お金は磁石にくっつくか」。教科書にのっとった実験ではなかったが、少女の心をつかむには十分だった。「科学の世界に入っていく一歩として、楽しかった」。このときの先生との出会いから、あこがれを抱き、教員を目指すようになった。

大学で所属するサークルでは小中学生に理科や算数の楽しさを伝えるイベントや実験教室に参加しているほか、現職教員と理科の教育イベントを行うスタッフとしても活動している。「授業で使える実験の展示をみんなで見たり、意見交換をしたりしています」。現職の先生が授業で気をつけているることを聞けるため、勉強になるし、活動を通じて人脈も広がっているという。

実験室で行うことでも、身近なものに落とし込めるものが少なくない。うまく生徒が理解を深めることにつなげていきたい。いつの間にか、理科への興味を持たせてくれた中学時代の先生のような授業の組み立てを考え続けている。

学生が書いた文章②

生徒に寄り添う先生に

田谷歩久人さん（20）

小学校の時クラス全体の仲が良かった。一人の意見を大事にしてつぶさない意見のまとめ方をする先生にあこがれてそんな小学校の先生になりたいと思った。中学校になって小さいころからやっていたサッカーをやめたとき、選択肢が少なくロードバイクに出会うまで何をやったらいいかわからなかった。好奇心旺盛な小学生のときに色々挑戦すれば中学校の時も選択肢が増えると思い、小学生にいろいろな選択肢を提供できるような先生になりたいと思った。

添削1
書き出し1行目「小学校の時」。「小学校に通っていた時」「小学生の時」ならわかる。5行目後半の「中学校になって」も然り。中学校にはなれない。中学生にはなれる。各行に出てくるので、注意を。

添削2
3行目の「そんな」は不要。

添削3
6行目「選択肢が少なく」で、読み手が止まってしまう。ずっとやっていたサッカー以外のスポーツを、と

今は中学校の難しい時期でも小学校からの信頼で心を開いてもらえる小中一貫校の先生を目指している。大学ではサッカー部に所属しているが、サッカー部の顧問になって練習中には厳しく、でも生徒が愛情を感じて日頃から頼ることが先生になる。整数、証明、確率が好きだから苦手意識を持ちやすくなる中学数学を日常に置き換えたり、体感してもらって数学はいろいろな過程があるけれど答えは1つ、そのことを楽しいと思ってもらえる指導をしたいと笑顔で語ってくれた。田谷さんはクレープやミルクティーが好きでよく食べているという。休日にはかつて全日本にも出場したことのあるロードバイクでいろいろな場所を

思っても、周囲でこれといった取り組みが行われておらず、興味をもって飛び込めるものが見つからない、ということなのだろうと想像するのに、時間がかかった。選択肢としてはこの程度しかなかったということがわかることを一つ二つ挙げてくれたらすんなり読めただろう。

添削4

14〜17行目のサッカーのくだりは意味不明。小中一貫校の先生になれたらサッカー部の顧問になって、生徒に頼ら

走り回っているというから、ロードバイクに乗って颯爽と走っている、クレープを食べて笑っている、また生徒に囲まれて笑っている田谷さんといつか出会うことができるかもしれない。

文・匿名希望

れる先生になりたいということが書きたかったのだろうか。

添削5

19～21行目の「中学数学を日常に置き換えたり、体感してもらって数学はいろいろな過程があるけれど」も意味不明。伝わりやすい文章にすることを心がけたい。書いた後によく読み返せば、防げることのように思える。

添削6

全文を通じて、改行、段落分けが一切ない。書くために書くのではなく、読む人を意識して書きたい。気持ちよく読み進めてもらうためにはどんな書き方、表現をしたらいいかを考えて。自分だけがわかっていればいいような文章では、伝えたいことがなかなか人に伝わらない。

記者が書き直した文章②

生徒に寄り添う先生に

田谷歩久人さん（20）

小学生のころ、クラス全体の仲がよかった。一人ひとりの考えを大事に受け止めて意見をまとめる先生にあこがれた。先生のような小学校の教員になりたいと思った。

中学生になって幼いころから続けてきたサッカーをやめた。次に何をしようか。出合ったのはロードバイク。爽快感がたまらない。のめり込み、全日本大会に出場するほどに技量を磨いた。

だが、この出合いまでには苦労した。サッカーから離れてみると、やってみたいことがなかなか見つからなかった。好奇心旺盛な小学生のころに、さまざまなことに挑戦できる環境を整え、提供できる先生になれたらと思った。

今の目標は、小中一貫校の先生。中学生は多感で接し方が難しいが、小学時代からの信頼関係があれば心を開いた付き合いができると考える。大学ではサッカー部に所属している。一貫校ではサッカー部の顧問になって、厳しいけれども生徒が愛情を感じて頼りにしてくれる先生になれたらとも思う。

数学の指導は、中学数学は苦手意識を持ちやすくなる。そうならないように、身近なことに置き換えて伝えたり、実際に体感してもらうことで親しみやすいものにしたい。数学は問題を解くために様々な過程があるが、答えは一つ。答えを見つけることを楽しいと思ってもらえるように現場で工夫していきたい。

数年後には、ロードバイクを駆り、好きなクレープを口にしつつ、生徒たちと笑って向き合っている若き先生に会えるかもしれない。

インタビューのあと、次のセルフチェックシートに記入をしてみてください。ここに挙げた項目のうち、よくできていたものには○を、意識はしていたけれどもできていなかったものには△を、意識すらできていなかったものには×を記してください。

取材時の心構え

必勝パターンインプット編

No.	チェック項目	評価
1	インタビュー時の事前の仕込み（可能な限り情報を集める）	
2	現場で言葉を獲得する	
3	複数の人に取材する・複数か所取材する	
4	物理的に相手と目線を合わせる	
5	取材相手への敬意	
6	取材相手に興味を持つ・取材相手と仲良くなる	
7	取材相手に気持ちよく話してもらう・自分が話す量を減らす	
8	取材相手の象徴的な一言、様子、場面をキャッチする	
9	話に遊びをもたせる、雑談も重要	
10	話の潮目を見極める	
11	キーワードを探り当てる（「見出し」を意識する）	
12	あえて本題から入らない	
13	絶えず観察する。現場で直に見聞きすることのできない読者の目、耳となる	
14	取材相手の発言を本人に要約して返す	
15	メモを取る	
16	場合によってはメモを取らずにインタビュー（メモに集中しすぎない）	
17	共感しながら、距離をとる－「理解」と「同調」は異なる	
18	想定外を呼び込む	

step5 特集記事を書く

調べたことをまとめよう

変化のスピードが速く、先行きを予測することが難しい今、自ら問いを立て問題解決の道筋を見出す力が求められます。疑問に思ったこと、詳しく知りたいことを調べて、わかりやすく伝えましょう。

現場へ行き、テーマについて詳しい人にも話を聞いて、下記の「はひふへほ」に沿いながら情報を集めます。

はひふへほ

ハッ！
普段と違うことに気づく。
《速報記事》

ヒェー
驚く。
《特報記事》

ふーん
そもそもを紐解いてみたらわかった。
《解説記事》

ヘェー
細部をさらに掘り下げて、見出すことができた。
《特集記事》

ほっ
気づき、気づかされてほっとした。
《話題もの、人もの》

特集記事の書き方〈初級編〉

伝えたいポイントをいくつか書き出し、情報を整理しましょう。あれもこれもと盛り込もうとしたら、焦点がぼやけ、かえって伝わらなくなります。情報の取捨選択が肝心です。

下記の例のような構成案も考えられますし、190頁の「人口 世界は100億人へ」の記事のように問いを深堀りしてまとめていく方法もあります。

■構成の一例

構成1 全体の要約

構成2 前提となる基本的な情報

構成3 経緯

構成4 ニュースのポイント 何が起きているのか。課題は何か。

構成5 今後の見通し

構成6 （あれば）トリビア

問題提起

「日本は人口が減るから大変だ」と言われます。人口とは人の頭数のことです。国連が発表している各国の将来人口を見ると、減る国は日本だけではありません。一方で、多くの国では増えていきます。人口の増減はどうして起きるのでしょうか。何を引き起こすのでしょうか。

問いに対する解答

どうして人口《じんこう》が増《ふ》えたり減《へ》ったりするの？

死ぬ人の数と、生まれてくる人の数のバランスが変わるからです。

人口1000人あたりの死ぬ人の割合を死亡率、生まれてくる人の割合を出生率と呼びます。昔はどの国も、幼いうちに亡くなる子どもが大勢いました。衛生状態が良くなり、栄養も足りてくると、子どもの死亡率は下がります。大人になるまで育つ人が増え、国全体の人口は大きく増えます。

子どもが死ななくなると、女性が産む子どもの数が減り始めます。1人の女性が一生のうちに産む子どもの数が2人を下回り、若い世代ほど人数が減っていくのが少子化です。

さらに、人数が多い世代の人たちが年を取り、死ぬ人の数が増えると、全体の人口が減っていきます。日本はまさに今、この段階に入っています。

問いの深掘り①

そもそも何十年《なんじゅうねん》も先《さき》の人口《じんこう》が分《わ》かるのはなぜ？

その国に今、何歳の人が何人暮らしているかを調べた数字をもとに計算しています。

たとえば今年、10歳の人が100人いたとします。10年後、この人たちは20歳になります。その間に死ぬ人がいて、外国から移り住む人、外国へ移り住む人もいるので、10年後の20歳が100人とはなりませんが、だいたい予測できます。

一方、この先10年の間に生まれてくる子どもの数は、子どもを産む年代の女性の人数と、1人の女性が一生のうちに産む子どもの数から計算します。

この子どもの数と死亡率や、外国と出入りする人数は、これまでの数字をもとに予測しています。

特集記事の例①：ここでは、問題提起の解答、さらなる深掘りという構成になっている。

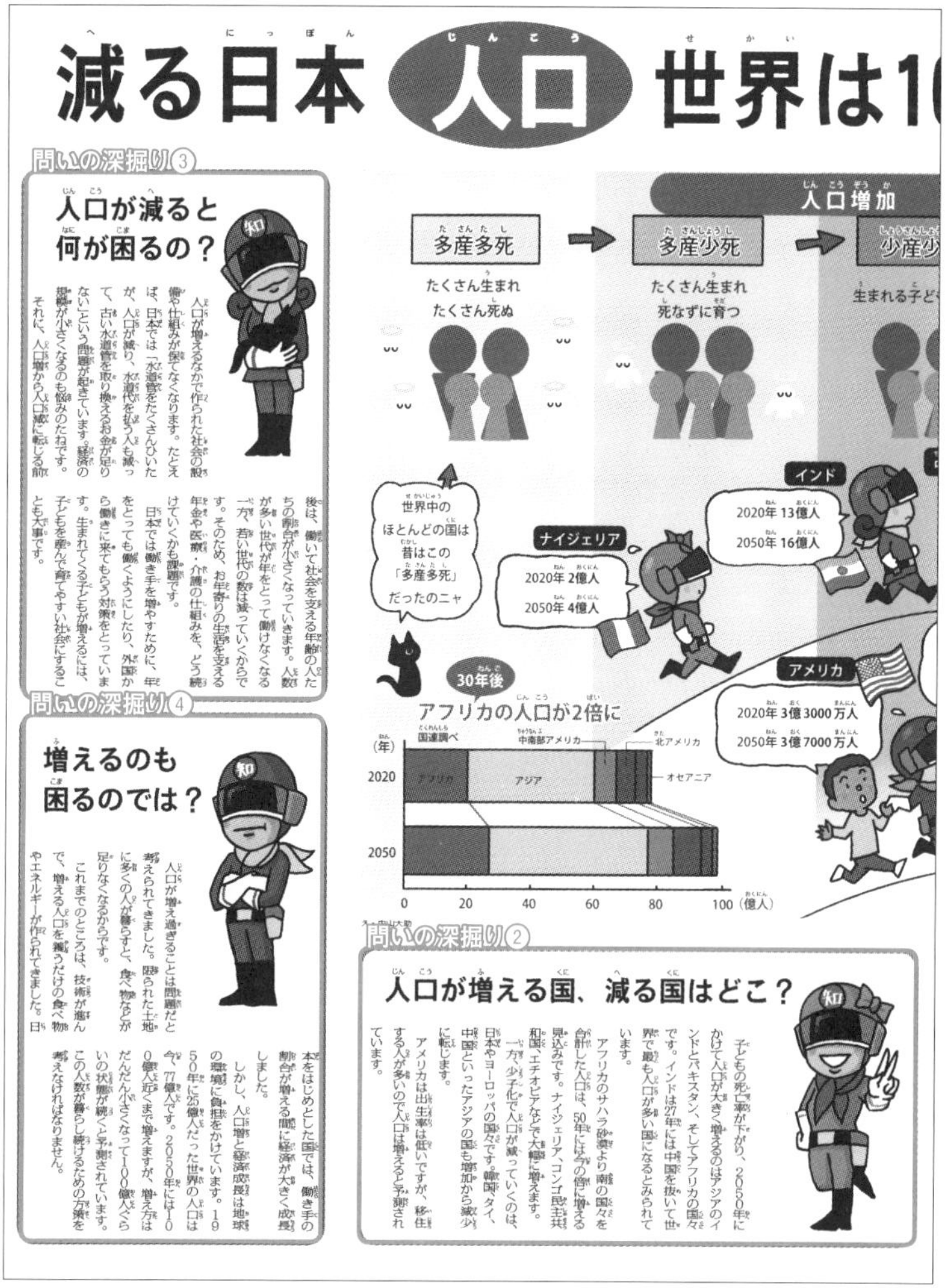

減《へ》る日本《にっぽん》人口《じんこう》 世界《せかい》は1

問いの深掘り③

人口《じんこう》が減《へ》ると何《なに》が困《こま》るの？

人口が増えるなかで作られた社会の設備や仕組みが保てなくなります。たとえば、日本では「水道管をたくさんひいたが、人口が減り、水道代を払う人も減って、古い水道管を取り換えるお金が足りない」という問題が起きています。経済の規模が小さくなるのも悩みのたねです。

それに、人口増から人口減に転じる前後は、働いて社会を支える年齢の人たちの割合が小さくなっていきます。人数が多い世代が年をとって働けなくなる一方、若い世代の数は減っていくからです。そのため、お年寄りの生活を支える年金や医療・介護の仕組みを、どう続けていくかも課題です。

日本では働き手を増やすために、年をとっても働くようにしたり、外国から働きに来てもらう対策をとっています。生まれてくる子どもが増えるには、子どもを産んで育てやすい社会にすることも大事です。

問いの深掘り④

増《ふ》えるのも困《こま》るのでは？

人口が増え過ぎることは問題だと考えられてきました。限られた土地に多くの人が暮らすと、食べ物などが足りなくなるからです。

これまでのところは、技術が進んで、増える人口を養うだけの食べ物やエネルギーが作られてきました。日本をはじめとした国では、働き手の割合が増える間に経済が大きく成長しました。

しかし、人口増と経済成長は地球の環境に負担をかけています。1950年に25億人だった世界の人口は今、77億人です。2050年には100億人近くまで増えますが、増え方はだんだん小さくなって100億人ぐらいの状態が続くと予測されています。この人数が暮らし続けるための方策を考えなければなりません。

問いの深掘り②

人口《じんこう》が増《ふ》える国《くに》、減《へ》る国《くに》はどこ？

子どもの死亡率が下がり、2050年にかけて人口が大きく増えるのはアジアのインドとパキスタン、そしてアフリカの国々です。インドは27年には中国を抜いて世界で最も人口が多い国になるとみられています。

アフリカのサハラ砂漠より南の国々を合計した人口は、50年には今の倍に増える見込みです。ナイジェリア、コンゴ民主共和国、エチオピアなどで大幅に増えます。

一方、少子化で人口が減っていくのは、日本やヨーロッパの国々です。韓国、タイ、中国といったアジアの国も増加から減少に転じます。

アメリカは出生率は低いですが、移住する人が多いので人口は増えると予測されています。

特集記事の書き方〈上級編〉

社会問題の多くは複雑です。見方や立場によって「事実」が異なる場合も少なくありません。複数の関係者に取材し、客観的なデータも踏まえて課題を見出し、仮説を立て、それを検証しながら伝えたいことを絞り込みましょう。

■食品ロス削減推進法の特集記事（194頁）の構成

構成1 全体の要約

構成2 食品ロスの現状

構成3 食品ロスの原因

・「3分の1ルール」についての現状と課題
・「3分の1ルール」を採用していないスーパーの取り組み
・食品ロスの経済的損失

構成4 企業の食品ロス対策

・消費者は賞味期限と消費期限の違いを知って行動する。
・コンビニの予約販売の効果

構成5 自治体の食品ロス対策

・京都市の取り組み
・食品ロス削減推進法の課題

法施行]

が変わる時

論説委員 元村 有希子

構成1：要約

まだ食べられる状態の食品を捨てる「食品ロス」削減に向け、国民運動を促す「食品ロス削減推進法」が10月施行された。農林水産省と環境省の推計によると、国内の食品ロスは643万㌧（2016年度）。1300万人の東京都民が1年間に口にする量に匹敵する。世界共通の課題でもあり、メーカーから小売店、家庭まで削減に取り組む必要がある。新法をきっかけに、大量生産・大量消費の暮らし方を見直したい。

過度な鮮度志向、再考を

構成2：現状

食品ロスは事業系と家庭系に大別される。事業系は、食品製造段階での食材の切れ端など▽店頭での賞味期限前の撤去▽飲食店での食べ残しなど。家庭系は、家庭での食べ残し、使い残しが中心だ。

食品ごみの減量を業者に義務づける「食品リサイクル法」（01年施行）により、事業系の食品ロスは00年度の547万㌧から16年度は352万㌧まで減ったが、政府目標の「半減」には遠い。全体の45％を占める家庭系はこれからで、新法は国民の役割の重要性を強調している。

構成3：原因

食品ロス問題に詳しいジャーナリストの井出留美さんは「消費者の鮮度志向、それに小売店が過剰に応え、

請している。10月下旬に公表された進捗《しんちょく》状況によると、売上高総額で全国の8～9割を占める総合スーパーやコンビニなど94社が、賞味期限の長い清涼飲料や菓子で納品期限を見直すなどしていた。

構成4：企業の食品ロス対策

コンビニ「セイコーマート」1200店舗を運営するセコマ（札幌市）は以前から「3分の1ルール」を採用していない。傘下に農業生産法人や食品製造会社、物流会社を持つため、食品ロスが出ないよう柔軟に運用できるのだ。「市場に出せない規格外の野菜を生産者から買って総菜

00億円規模。これに廃棄・処分費用が加わり、最終的には消費者がコストを負担することになる。

私たちにできることは何か。例えば賞味期限は、食品としての安全性を保証する「消費期限」とは異なる。期限を過ぎたからといってすぐに食べられなくなるわけではない。だが、井出さんの調査では「（賞味期限が少し長い）棚の奥の商品を買ったことがある」人が89％もいた。正しい知識を学び、状況に応じて節度ある消費を心がけたい。

「恵方巻き」の大量廃棄が社会問題化したことなどを背景に、ファミリーマートは今年、季節商品を完全予約制に切り替えた。「土用丑《うし》の日」にちなんだウナギ弁当の場合、売り上げは2割減ったが、廃棄費用が激減したため加盟店の利益は7割増。加盟店からのロイヤルティーを基にした本部利益も前年並みだった。

食品ロス対策

ごみ行政を担う自治体にも、できることは多い。

市民1人あたりの家庭ごみ排出量が1日399㌘と政令市最少の京都

特集記事の例②：前頁で紹介した構成をもとに「食品ロス」という社会問題の原因や現状・対策についてまとめている。

論＋《プラス》

［食品ロス削減推進

まず消費者

その圧力に卸やメーカーが応える構造が問題」と指摘する。

業界には「3分の1ルール」と呼ばれる商慣習がある。賞味期限6カ月の加工食品の場合、メーカーは製造から2カ月以内の商品しか納品できず、小売店では同4カ月までしか販売できない。つまり賞味期限まで2カ月もあるのに、その食品は捨てられてしまうことになる。

このルールは、政府が見直しを要

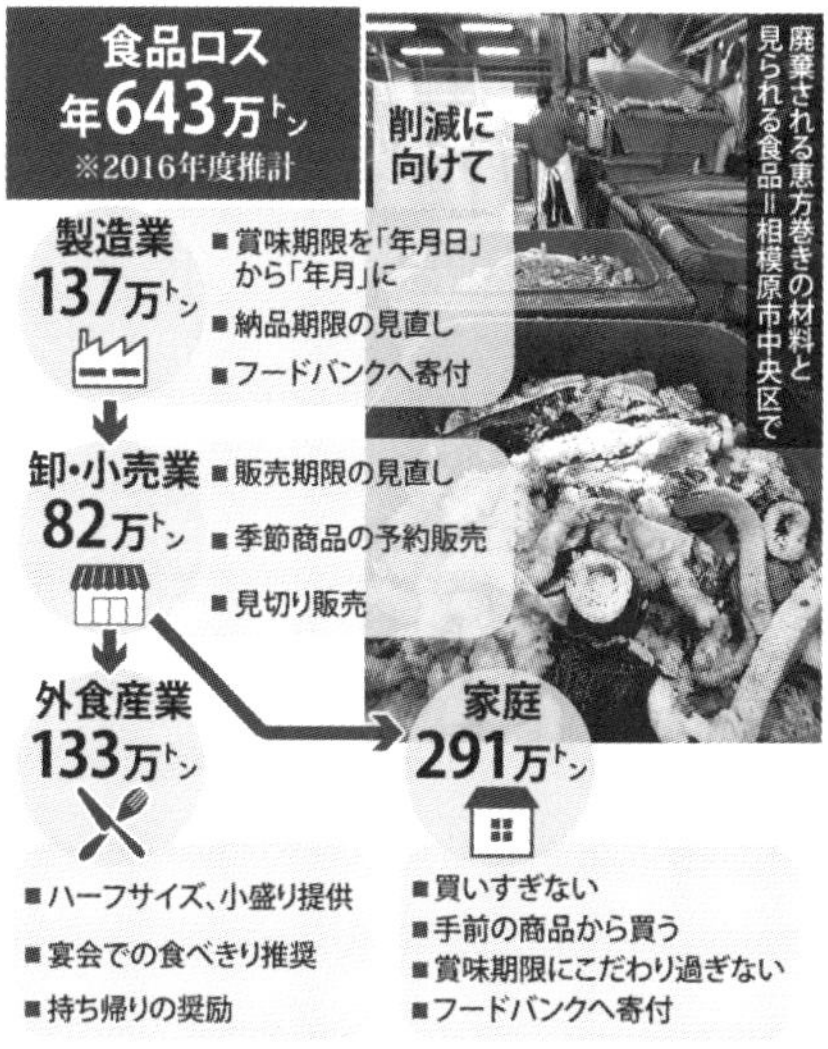

廃棄される恵方巻きの材料と見られる食品＝相模原市中央区で

を作ったり、肉の切れ端をパスタソースにしたり、賞味期限が近い食品は各店舗の判断で値引きしたりしている。生産から店頭まで全体で無駄を見直すことで、顧客に価格で還元できる」（広報部）という。

無駄は経済的損失に直結する。みずほ総研は、公表済みのデータを基に事業系食品ロスのコストを試算した。スーパーで年間4490億円、外食産業で同2986億円、計75

構成5：自治体の

市は15年、自治体では初めて食品ロス削減をうたう「しまつのこころ条例」を作った。しまつは「もったいない」の精神に通じる京ことばだ。

1970年代からごみ削減に取り組み、実測値に基づいて「世帯あたりの食品ロスは毎月5000円相当」と試算した。家庭には「食べきり、使いきり、（生ごみの）水切り」の「3キリ運動」、小売店へは販売期限延長を呼びかけ、削減努力をしている飲食店の認証制度も作った。

新法は自治体の責務を明記している。推進計画の策定、政策立案、消費者の啓発などだ。だが、同法には罰則などの強制力がないため、取り組みの実効性には課題も残る。

たとえば、賞味期限前の未使用食品を貧困家庭に贈る民間の「フードバンク」活動を自治体が支援すると定めるが、フードバンク発祥の米国では一歩踏み込んで、寄付食品でトラブルが起きても寄付者が責任を問われない仕組みがある。

国民の多くが抱く「もったいない」意識を具体的な結果につなげるには、こうした制度面からの支援も欠かせない。

学生の特集記事の紹介

ここでは、大学生が執筆した特集記事を紹介したいと思います。ここで紹介する記事は、大学生が四人1組で制作したものです。漫才師じなんぼ～いずへの60分のインタビューをもとに、チームで特集記事を書きあげました。

脱サラ芸人　そのルーツに迫る

お笑いコンビ　じなんぼ～いず

デビュー前、企業に勤めていた経験のある芸能人は意外と多い。しかし、そのほとんどが数か月や長くても数年で退職している。そんな中で、約十年勤めた会社を退職しお笑い芸人の道へと進んだ、いわゆる「脱サラ芸人」にインタビューした。安定したキャリアを手放してまで新たなチャレンジをしたとき、そこにはどんな思いがあったのだろうか─。

「ネタはほとんど僕が書いていますけど、…あ、つかみの『スパイシー！』とかいう奇声は僕じゃないですよ。彼のアイディアです」そう話すのはお笑いコンビ「じなんぼ～いず」のツッコミ担当・シギハラヨシアキさん（40）。すかさず「奇声ってなんだよ！」と反論するのはボケ担当のウィーアー店崎さん（39）だ。二人は約二十年前、広告代理店の先輩後輩として出会った。自身のキャッチコピーを、愛想はよいが独りを愛する「爽やかネクラ」とするシギハラさん、ナルシストキャラを貫く「爽やかメガネ」の店崎さん。二人はインタビュー中、冒頭のようなテンポのいい掛け合いを見せてくれた。早速、コンビ結成や会社を辞めたときのことを聞いてみた。　【柴田今日子】

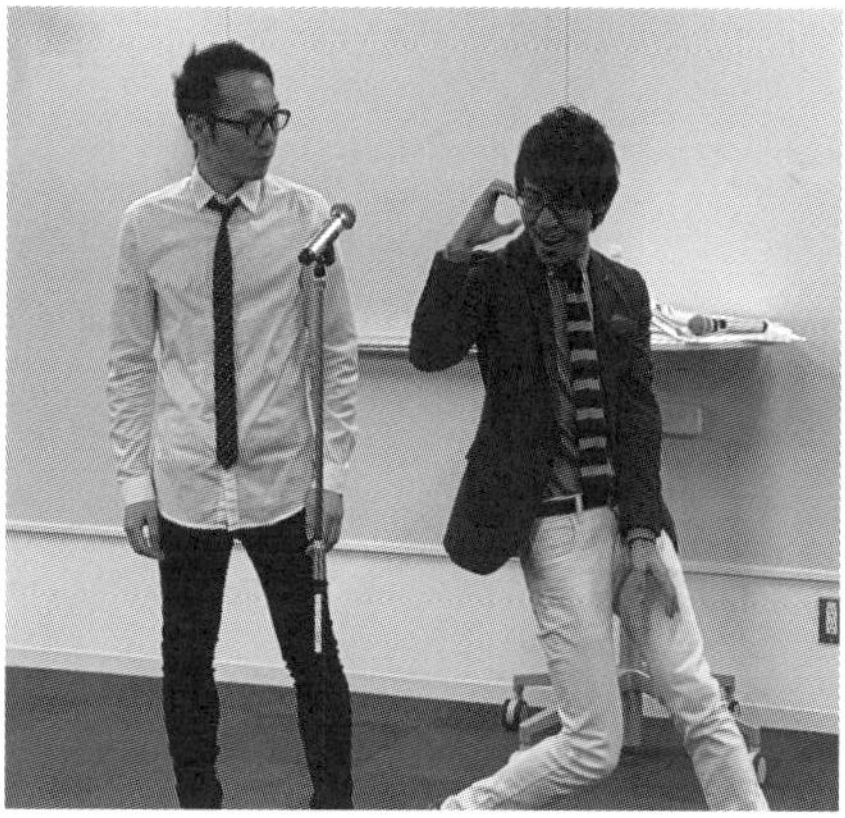

「スパイシー！」の決めポーズをするウィーアー店崎さん（右）とシギハラヨシアキさん（左）

コンビを結成したのは12年前。店崎さんがシギハラさんを芸人に誘ったことがきっかけだった。店崎さんは小さい頃から芸人になりたくて山口県から上京した。生活費を稼ぐため、就職して主任まで登りつめた。しかし、夢を諦めきれず、本気で芸人になろうと考えたのだ。そんな彼の転機は14歳の時。ある芸人さんのネタを文化祭で披露したことだったと話す。天井にあったボールが落ちてくるほど、会場は笑いに包まれた。その成功体験があったからこそ、芸人になる夢が叶えられたのだ。

一方、シギハラさんは芸人になることを一度も考えたことはなかった。親の勧めで始めたサッカーなど、いつも人の勧めで人生を決めてきたと話す。彼にとっての転機は芸人になったこと。ネタ探しに自分を見つめ直す時間が増え、より自分を分析するようになった。人に勧められて決める人生も悪くはない。その中で手を抜かず一生懸命やるという精神を貫くことが大事だと話していた。

【西本有希】

コラム 「記者トレ」でどのような力が身につくのか？

本書で紹介してきたとおり、記者トレは、新聞記者への短期弟子入りプログラムとして構成されています。

学校教育では、すでに長年にわたって新聞が活用されてきました。新聞記事を読ませて子どもたちの視野を広げたり、読解力を磨いたり、自分たちの手で記事を作らせたりといった仕方で。

そうした取り組みと記者トレは、一見すると同様の実践のように感じられるかもしれません。確かに記者トレは、そうした実践と課題を共有していますが、そこには決定的な違いがあります。記者トレは、単に理解力や読解力、文章力を鍛えるだけでなく、記者に求められる基本姿勢や様々な技法を習得する（盗む）ことを目指す新しい教育プログラムなのです。ここでは、プロの新聞記者の経験から導き出された45の必勝パターンを身につけることが課題となります。しかし、新聞記者を目指しているわけでもない人が記者に弟子入りする必要などあるのか、と疑問に思われる方もいらっしゃるでしょう。本コラムでは、その疑問に答えていきたいと思います。

記者トレの開発にあたっては、私が「ベストキッド方式」と呼んでいるやり方をベースにしています。『ベストキッド』は1984年公開の映画で、ご存知の方も多くおられることでしょう。主人公はイジメられっ子の少年ダニエル。物語の中で彼は空手の達人に弟子入りし、修業を重ねる中で成長していきます。何といってもおもしろいのは、その修業の場面です。ダニエルが師匠から与えられる課題は、ワックスがけやペンキ塗りばかり。これがいったい空手と何の関わりがあるのかとダニエルは不満を抱きます。けれども、いざ試合に出てみると、あの一見雑用にも見えた作業を通じて、期せずして空手の型が見事に身についていたのでした。

私は、記者トレにおける記事作りは、『ベストキッド』におけるワックスがけのようなものと考えています。一見したところ全員に必要とは思えない記事作りの作業を通じて、結果的に大切な能力が身につくとしたらどうでしょう。ここで考えている「能力」とは、プロの記者が持っている次のような力です。

プロの記者は、文章力のみならず、読解力や批判的思考、コミュニケーション力など、これからの時代に求められる能力を極めて高い次元で身につけています。よい記事を書くためには、物事を論理的に伝える力だけでなく、対象への深いコミットメントが不可欠です。インタビューであれば、相手の魅力、相手が本当に言いたいことを引き出さねばなりませんし、記事を読む読者にも思いを馳せねばなりません。その他、本書で紹介してきたとおり、数限りない事柄を意識する必要があります。たった200字の記事を作るだけでも一苦労。じつに高度で複合的な力が求められるわけです。

このような記者の能力を身につけることのできるカリキュラムがあれば、誰もが身につけるべき、時代を生き抜く力を育むための有効なプログラムを生み出すことができるのではないか、というのがこの記者トレの発端でした。開発にあたっては、毎日新聞社の記者36名にインタビューを行いました。その後、彼らの言葉を分析・整理して、本書**第1部**で紹介している必勝パターンを作成しました。さらに、そこに記された項目を達成するためのワーク（**第2部**で紹介）を開発していきました。

「記事を書く」という課題に取り組む中で、自然と必勝パターンを身につけるうちに、これからの時代に求められる力も体に染み込んでいるはずです。記者トレを通じて、先行きが不透明な時代を生き抜く能力を楽しく学んでいきましょう。

（井藤　元）

付録

記者トレを受講するには

記者トレは二つの方法で受講できます。

1．アナウンサーによる出前授業形式（学校や企業・団体での少人数の研修として）

目的に合わせて六つのテーマ（ステップ）ごとに、新聞を活用し、記事から見出しを考えたり、写真の情景を言葉や文章で伝えたりするなどバラエティに富んだ各90分の授業です。新聞記事を活用したワークブックで主体的な活動を促すほか、模擬取材などのグループワークを中心とする共同作業を通してコミュニケーション力の育成を図ります。

2．オンライン講座（学校や企業・団体での多人数や個人のスキルアップの研修として）

毎日新聞の元村有希子・論説委員による「記者の基本姿勢」「取材時の心構え」「原稿執筆時の心構え」編のほか、文章を要約する力を育てる

〈出前授業のカリキュラム〉

	トレーニングテーマ	ねらい	取り組み	養う力
step1	**多視点でとらえる** **―見出しのつけ方―** 情報を多視点からとらえ、見出しづくりに挑戦する	●何がニュースで、そのポイントは何か、どのような視点から何を伝えたいか。記事内容を10文字前後で表現する新聞見出しは、「究極の要約」です。 ●このステップでは、ニュースのポイントを異なる視点や立場から、見出しをつける作業に挑みます	情報を多視点（異なる立場）でとらえるとは何かを学ぶ 記事内容からキーワードを探り当て見出しを作成する	読解力、思考力、判断力、要約力
step2	**伝える力** **―表現力―** 新聞に掲載された写真から情景描写に挑戦する	●考えたことを伝えることはコミュニケーションの基本です。 話し手が一方的に話すのではなく、聞き手が正しく理解できるよう工夫が求められます。 ●このステップでは、アナウンサーの「五感に訴えかける表現」を参考にしながら、情景を言葉や文章にして伝える訓練につなげます。	五感に訴えかけることを意識して聞き手が具体的にイメージできる言葉で写真の情景を描写する	観察力、描写力
step3	**事実を伝える** 情報を取捨選択して整理する方法を学ぶ	●現代社会は、誰でも知りたい情報を簡単に手に入れることができるようになり、フェイクニュースと呼ばれるウソや不要な情報も氾濫しています。 ●このステップでは、企業や自治体の広報文から本当に必要なものを見極め、伝える力を育成します。	架空の広報文から不足している情報を発見する	客観的な視点情報リテラシー
step4, 5	**情報を整理する** さまざまなな着眼点があることを理解する	●多様な人と協働するためには体験したことを相手に分かりやすく正確に伝える必要があります。直接見たり聞いたりしていない人にリアルな状況を伝えるためには観察力と表現力が求められます。 ●このステップでは、VR（仮想現実）を使い視覚情報を整理して、わかりやすく文章にまとめます。また、さまざまな立場の視点で事象を疑似体験し、情景を説明することで、客観的に情報をわかりやすく伝える力を育成します。	VR(仮想現実)を使い視覚情報を整理して、グループで一つの文章にまとめる	観察力、表現力
step6	**インタビュー記事を書く** インタビューしたことを記事にして紹介する	●コミュニケーションの基本は人の話しに耳を傾けることから始まります。相手に対する興味を持つことで対話は自然 と展開してゆきます。 ●このステップでは、インタビュー記事を書くことでコミュニケーション力（自分の考えや情報を相手にわかりやすく伝えるために求 められる力）と文章力を育みます。	コミュニケーションの前提となる自己理解を深める 取材（インタビュー）の実践と原稿づくり	情報把握力、情報編集力、情報説明力
step7, 8	**特集記事を作る** 問いを立てて調べたことを特集記事にまとめる	●変化のスピードが速く予測が難しい現代社会においては、自ら問いを立てて解を見出す力が求められます。 ●このステップでは、疑問に思ったことや詳しく知りたいことをグループで調べて特集記事を完成させるワークを通して、まだ顕在化されていない問題を発見する力を育成します。	ニュースの類型を理解する 問いを立てて調べたことをグループで特集記事にする	問題発見力、情報整理力、情報編集力、文章作成力

「見出しのつけ方」編、情景をわかりやすく言葉で伝える「伝える力」編にそれぞれ対応する解説動画と実践できるワークシートがセットになっています。

基本テーマ（トレーニングステップ）

すべてのテーマを受講することをお勧めしますが、各テーマはすべて1回で完結していますので、ご希望のテーマを自由に選んで組み合わせていただくことも可能です。

〈これまでの実績〉

小学校	主催：南あわじ市教育委員会 実施日：2020年8月29日、9月12日 対象：市内小学5，6年生 回数：全2回
中学校	品川女子学院 実施日：2019年11月～12月 対象：中学3年～高校2年生（希望者） 回数：全4回 大阪市立白鷺中学校 実施日：2019年5月 対象：1年生 回数：1回
高等学校	奈良県立香芝高等学校（※オンライン講座） 実施日：2020年6月～ 対象：表現探求コース1年生 回数：全7回予定
大学	東京理科大学 実施日：2019年5月～6月（前期）、11月～12月（後期） 対象：教職志望の学生 回数：前期後期それぞれ全8回 大阪経済大学 実施日:2020年1月 対象：大学広報担当の学生と職員 回数：全2回 昭和女子大学 実施日：2020年6月 対象：1年生 回数：全2回
企業	一般社団法人日本自動車連盟関西本部 実施日：2020年9月9日 対象：広報担当の社員 回数：1回

アンケートまとめ

今まで開催した記者トレを受講してくださった方々の声を、以下に紹介します。

品川女子学院

・自分を表現するということを就活でも使えると教えていただきました。そのためにはボキャブラリーを増やさないといけないということも。

・普段あまり表現力もなく、自分の思ったことを口にすることがなかなかできなかったが、少しずつでも実践していけば役に立つと思ったから。

・現場から言葉を吸収してその言葉を活かすことは記者でなくてもレポートを書くときにも大切なことだと思う。

・新聞記者にならなかったとしても、インタビューの方法や新聞の見方などはとても役に立つと思うので、今回この特別講座に参加してよかったです。

・今後論文を書くときや大学入試とかでも、どのように順序立てて書けばよいのかが学べた。

・今後必ず自分の意見等を相手に伝える機会はあるので、その時に、より伝わりやすい伝え方を意識できると思うため。

東京理科大学

・プロの仕事に触れられる機会は貴重。
・具体的な職業（仕事）のスキルから学べるのでより実践的で身近な学びに感じられる。
・教職志望者に関わらず、公立の義務教育に組み込まれていったらいいなと思います。
・今回、密度の濃い時間を過ごさせていただきました。アナウンサーが目の前で記事を音読する、ＶＲ体験、記者の方の意見、芸能人にインタビューする、どれも非日常なこと。ドーパミンが常に放出していました。さらに、他の方が意見を話す時、まとまっていてすごいなと刺激を受けました。
・これほど「やっていて楽しい。次の授業が楽しみ」と思う授業は久しぶりでした。１時間半やっていて、この時間があっという間に感じたのが何よりもの根拠です。学びがあり、自分から学びたいという姿勢に自然となっていくかのように触発されたからです。

大阪経済大学

・同じテーマで見出しをつけたり記事を書いたりするだけでも、いろんな物の見方があることを知りました。いろんな文章にもっと触れて語彙力をつけていきたいと思いました。

おわりに

「記者トレ」は新聞記者が取材活動の中で体得したノウハウを体系化して、子どもたちの読解力や文章力の育成を目的に開発しました。自らの考えをわかりやすく相手に伝えるための表現力や、文章を理解し、利用し、熟考するための読解力は、社会生活の中ですべての人に必要な能力です。経済協力開発機構が3年おきに実施する国際的な学習到達度調査で、２０１８年日本の読解力は前回調査（２０１５年実施）の８位から15位に急落しました。読書習慣の減少が一因とも言われますが、本を読むことやその感想を伝えることが楽しいと感じてもらえれば、読解力向上のための学習にも主体的に取り組むことができます。「記者トレ」は、論理的に整理された新聞を活用して文章の構造や要点のまとめ方を学び、日常生活の中の小さな変化に気づく視座を高めます。

自治体や教育委員会に「記者トレ」を提案する中で、読解力や表現力に関する課題は、子どもだけでなく、職員たちが市民に様々なサービスを提供する際にもあてはまることがわかりました。大学では就職活動で「エントリーシートが書けない」「自己PRを簡潔に伝えることができない」と訴える学生が多いことを知りました。文章を理解して、考えをわかりやすく伝えるスキルを磨く機会が求められているようです。グローバル化とITの進化によって、これまでの価値感のままでは社会を生き抜くことが難しくなっています。何がニュースなのかを見抜く問題発見力や、問題を論理的に整理して伝える表現力は、どのような職業においても求められます。

「記者トレ」は各種報告書や伝達文書等の作成にあたっての情報整理力や、共同作業や商談の際のコミュニケーション力の向上にも役立ちます。また、多視点で収集した情報を整理して発信する能力は企業、NPO、ボランティア団体の広報、WEB・SNSの情報発信のスキルアップにもつながります。

今後は、小・中学生、高校生、大学生、社会人と成長段階に合わせたプログラムを提供することで社会の課題解決に貢献したいと考えています。

本書の刊行にあたっては日本能率協会マネジメントセンターの東寿浩氏に多大なるお力添えをいただきました。この場を借りて感謝を申し上げます。

毎日新聞社　ビジネス開発本部 教育事業室　宮島友香

〈監修者紹介〉

井藤 元（いとう・げん）

京都大学大学院教育学研究科博士課程修了。博士（教育学）。現在、東京理科大学教育支援機構教職教育センター准教授。著書に『シュタイナー「自由」への遍歴――ゲーテ・シラー・ニーチェとの邂逅』（京都大学学術出版会、2012年）、『マンガでやさしくわかるシュタイナー教育』（日本能率協会マネジメントセンター、2019年）、『笑育――「笑い」で育む21世紀型能力』（監修、毎日新聞出版、2018年）、『ワークで学ぶ教育学 増補改訂版』（編著、ナカニシヤ出版、2020年）、『ワークで学ぶ道徳教育 増補改訂版』（編著、ナカニシヤ出版、2020年）、『ワークで学ぶ教職概論』（編著、ナカニシヤ出版、2017年）、ネル・ノディングズ『人生の意味を問う教室――知性的な信仰あるいは不信仰のための教育』（共訳、春風社、2020年）、などがある。

〈編者紹介〉

毎日新聞社（まいにちしんぶんしゃ）

1872年に創刊された東京日日新聞を前身とし、現存する日刊紙で最も古い歴史を誇る。世界に先駆け戸別配達を実施するなど、新聞史に足跡を残してきた。新聞協会賞を業界最多の31回受賞しており、圧倒的な「取材力の高さ」を特徴とする。新聞発行、雑誌や書籍の発行のほか、数々の主催事業を通して、芸術や文化、スポーツ、教育の普及・発展に寄与し、時代の創造に貢献している。

〈お問い合わせ先〉

毎日新聞社　ビジネス開発本部 教育事業室

〒100-8051　東京都千代田区一ツ橋1-1-1

tel: 03-3212-5156　fax :03-3212-0485

mail:m-kyouiku@mainichi.co.jp

記者トレ
新聞記者に学ぶ観る力、聴く力、伝える力

2020年9月30日　初版第1刷発行

監修者——井藤　元
編　者——毎日新聞社
© 2020 Gen Ito, The Mainichi Newspapers
発行者——張　士洛
発行所——日本能率協会マネジメントセンター
〒103-6009 東京都中央区日本橋2-7-1 東京日本橋タワー
TEL 03(6362)4339(編集)／03(6362)4558(販売)
FAX 03(3272)8128(編集)／03(3272)8127(販売)
http://www.jmam.co.jp/

装丁・本文デザイン・DTP——株式会社 RUHIA
印刷所——シナノ書籍印刷株式会社
製本所——株式会社新寿堂
本書の内容の一部または全部を無断で複写複製（コピー）することは、法律で認められた場合を除き、著作者および出版者の権利の侵害となりますので、あらかじめ小社あて許諾を求めてください。
ISBN 978-4-8207-2839-9　C2034
落丁・乱丁はおとりかえします。
PRINTED IN JAPAN